思维精进

改变人生的高效思考法

赵帅　王姗姗／著

北京联合出版公司
Beijing United Publishing Co.,Ltd.

图书在版编目（CIP）数据

思维精进：改变人生的高效思考法 / 赵帅，王姗姗著. — 北京：北京联合出版公司，2018.10

ISBN 978-7-5596-2448-2

Ⅰ. ①思… Ⅱ. ①赵… ②王… Ⅲ. ①成功心理—通俗读物 Ⅳ. ①B848.4-49

中国版本图书馆CIP数据核字（2018）第199823号

思维精进：改变人生的高效思考法

作　　者： 赵　帅　王姗姗
出版统筹： 朱文平
责任编辑： 昝亚会　夏应鹏
特约编辑： 汪　婷
封面设计： 仙　境

北京联合出版公司出版
（北京市西城区德外大街83号楼9层　100088）
印刷： 北京合众伟业印刷有限公司　**经销：** 新华书店
字数： 200千字　**开本：** 710×1000　1/16　**印张：** 14.5
2018年10月第1版　2018年10月第1次印刷
ISBN 978-7-5596-2448-2
定价： 39.80元

未经许可，不得以任何方式复制或抄袭本书部分或全部内容
版权所有，违者必究
本书若有质量问题，请与本公司图书销售中心联系调换。电话：010-87728748

前言 Preface

作为一个职场中人，或即将进入职场的人，每天我们都会遇到层出不穷的问题，我们分析这些问题，解决这些问题，并带领工作团队形成最终方案。如何找到最有效的工作方法，提高自己的工作效率，对所有人来说都非常重要。

本书选取了各行各业内高效思考的方法和模型，并通过通俗易懂的案例帮助大家理解如何用最聪明的方式解决工作生活中遇到的问题。通过这些案例，大家可以对以往的工作进行反思：

为何你的劳动总不能得到老板的认可？

为何你的工作或多或少有一丝的瑕疵？

为何你付出了很多，收获却不成比例？

为何你在面对困难时总显得束手无策？

很多人之所以在实际工作中遇到这些问题，并不是工作能力不足，或者不够勤奋努力，而是因为工作本来就充满了未知的磨难，即使是请客吃饭这种小事，也要分析各种因素，既要照顾别人的需求，又要考虑用餐的费用以及外出的交通、天气等问题。

职场中更是如此，面临的问题越多，需要作出的决策就越多，这些往往会让你疲于奔命却找不到最合适的解决方案。你觉得自己每天忙个不停，可还是有做不完的工作，你觉得自己在认真工作，可是工作却没有完成几件……

想做一个效率更高的职场中人，就需要选择正确的工作方法，训练最聪明的思维方式，否则，即使付出更多的时间和精力，也未必能够达成目标。而一旦掌握了更加高效的思考方式，你就能变身职场达人，顺利解决那些看似困难的工作问题。

所以，工作本身没有你想的那么困难，只是需要你找到最恰当的工作方式，并将其应用在实际工作中，你会发现整个世界都豁然开朗：原来工作的效率还可以这么高!

那么，什么才是高效的思考方式呢?

本书从发现问题、分析问题、解决问题、提高效率和团队打造等方面，为你列出了一整套高效工作的思维宝典。

在内容布局上，第一章以“痛点”的概念引申出发现问题的重要性；第二章通过头脑风暴法和MECE分析法等经典理论介绍拆分问题的方法；第三章至第五章则分别从安排工作、分析问题、解决问题等角度，分析职场生活中解决问题的方式、方法和逻辑思维；第六章和第七章从工作团队的角度出发，探讨了如何提高个人和团队的工作效率。以上七章内容系统地阐述了从设定工作目标到形成解决方案的高效思考方式，帮助读者学会个人的高效管理能力，形成出色的思维能力和执行能力。

当然，由于时间和精力有限，本书在撰写过程中难免会存在一些不足和瑕疵，希望广大读者可以谅解并提出宝贵意见，感谢!

目录 Contents

你还在无所事事，是因为没有找到痛点

“要找到用户的痛点!” 无数的互联网人每天都在谈论这个问题。

那到底什么是用户的痛点?

交水电煤气费，居然还要到银行排队，凭啥我埋单还得看你脸色，痛点在于“交水电费”；

碰到头疼脑热的小病，跑医院能把人折腾死，又不敢乱吃药，痛点在于“买药看病”；

一个人出差不知道吃什么好，看四周的饭馆林立却不敢乱入，痛点在于“吃饭喝水”。

那作为一个职场人士，你的痛点是什么?

你的痛点就在于工作的目标。

1.锁定目标，然后拆解为可实现的小目标

巴尔扎克曾说过，“There's no great genius without great wish”，没有伟大的愿望，就没有伟大的天才。要想迈向成功，第一步便是明确自己的目标。牢记目标才能把握住努力的方向。

对于一手打造了淘宝帝国的马云来说，他的痛点就在于“让天下没有难做的生意”。

在20世纪的时候，很多人都没有意识这会是一个痛点，在实体经济大行其道的20世纪，电子商务对于大部分人来说还是一个陌生词，而马云却很快觉察到了：亚洲是最大的出口基地，以出口为目标，帮助全国中小企业出口，必须围绕企业对企业的电子商务。无论是在中国黄页还是在外经贸部作客户宣传时，都需要经过烦琐的沟通交流，而中小型企业的电子商务能最有效地缩短这一路径。

从1999年开始，马云一直朝着这个目标努力，将阿里巴巴定位为服务中小型企业的公司，最终成就了世界上最大的电子商务网站，一步一步地实现了当初所设定的目标。

如果马云一开始只是为了做点小买卖赚点小钱，那么大可不必用互联网为

实体经济画上一个句号，而锁定了电子商务这个目标之后，不仅他自己一展宏图，理想得到了实现，众多中小型企业获取用户的目标也得到了实现。

王健林那句“先定一个能达到的小目标，比方说先挣一个亿”并没有错，任何一项工作都必须是以目标为中心的。目标是一个员工的痛点，只有把注意力聚焦在目标上，懂得自己该做什么，正确评价自己做得怎么样，才能合理规划自己的工作，更好地执行工作任务。

可以锁定一个大目标，毕竟人生还是要有点追求的，但是在执行的过程中，必须进行目标拆解，将其拆成一个个小目标。不要怕烦琐。这个目标可以拆解到非常小，以个人能够轻松实现作为标准。例如你要做一道宫保鸡丁，突然想不起需要哪些食材，找到食材之后又不确定先放肉还是先放花生米和辣椒。那么，你可以根据网上的做菜步骤，一步步拆解目标，拆解到你能记住为止。

第一步，找齐食材；

第二步，将食材分类；

第三步，先放油；

第四步，放葱花炝锅；

…………

很多人对这种做法不屑一顾，他们更愿意一步到位，结果目标超过了他们的能力，其中一个环节失败了，然后意识到问题的难度，很快就放弃了。

失败体验是非常致命的，这也是多数人半途而废的主要原因。很多精英即便能力出众，面对复杂问题时依然喜欢采用这种目标分解法，其中一个原因就是通过不断的胜利积累信心，从而提升做事意愿。

孙正义是软银集团的创始人，在科技企业上投入了数十亿美元资金，涉猎物联网、人工智能等领域，这其中也包括了当年刚起步的阿里巴巴。

但孙正义对于自己人生的规划早在19岁时就开始了，他曾做过一个50岁的生涯规划，把自己的成功之路目标划分为五个阶段：20岁时，要让业内的人知道自己的存在；30岁的时候，要有一亿美元的种子资金，足够做一件大事情；40岁的时候，要选一个非常重要的行业，然后把重点都放在这个行业上，并且在这个行业中取得第一，公司拥有10亿美元以上的资产用于投资，整个集团拥有1000多家以上的分公司；50岁的时候，完成自己的事业，公司的营业额超过100亿美元；60岁的时候，把事业传给下一代，自己回归家庭，颐养天年。

如果让你现在设定一个60岁赚到100亿美元的目标，你还敢继续往下想吗？

要实现目标，需要有一个分解目标、将其量化为具体阶段的行动计划，通过计划可以清晰地知道不同阶段该根据计划实施哪些工作，这是行动的基础。

这么严苛地对待自己，看起来很冷酷，但如果你真的想要完成一件事情，就必须使用逐步逼近的思维，把这个大目标细分为多个小目标，将自己的每一步目标都控制在一个能预见和操控的范围内，以便清晰明了地处理每一个问题。这样一来，上一个目标会是下一个目标的前提，而下一个目标则将升华为上一个目标的结果，当你实现了这一个个的小目标，你的大目标的实现将会是水到渠成的事情。

目前全世界最流行的目标分解方法有两种：剥洋葱法和多杈树法。

1.剥洋葱法

顾名思义，剥洋葱法就是要像剥洋葱一样，将大目标分解成若干个小目标，再将每个小目标分解成若干更小的目标，一直分解下去。

比如，将每一个短期目标分解成月目标，则月目标变成若干个周目标，周目标变成若干个日目标，最后，依次分解到现在该去干些什么。所有的目标，不管其有多大，一定要分解到你现在该去做点什么的程度为止。

举例说明：

首先需要设定目标，假设定为“写完一本书”。

对于没写过书的人来说，这个目标显然有些困难，不知从何下手，那么就要使用剥洋葱法逐步分解目标。

写一本哪方面的书？

需要找哪些资料？

根据资料撰写大纲，

根据大纲内容完善具体目录，

根据目录进行撰写。

通过分解目标，你会弄清楚从何入手，发现看似复杂的问题，原来很简单。

2.多杈树法

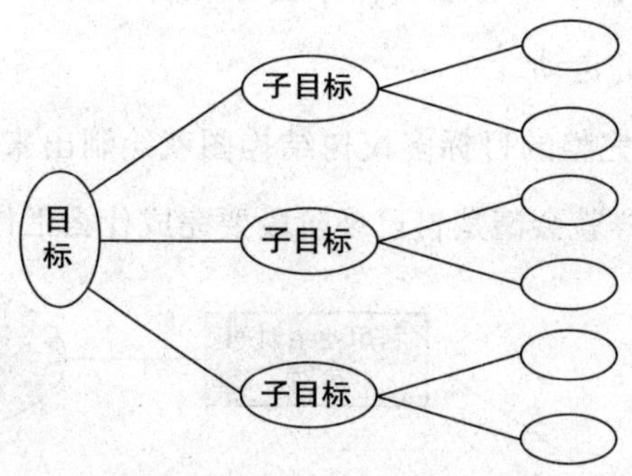

在多杈树示意图中，树干代表大目标，每一根树枝代表小目标，叶子代表即时的目标，即现在要去做的每一件事。

其中，小目标是大目标的条件，大目标是小目标的结果，小目标的实现之“和”，一定是大目标的实现。

先写下一个大目标，然后问，要实现该目标的条件是什么？列出所有的必要条件及充分条件。完成这些条件，其实就是达成该大目标之前必须首先达成的小目标。画出每一个小目标，它们就是大目标的第一层“树杈”。接下来，再问要实现这个小目标的条件是什么？列出达成每一个小目标的所有必要条件与充分条件，变成各处小目标的第二层“树杈”……

如此类推。直到画出所有的“树叶”——即时目标为止，才算完成该目标的多树杈分解。

举例说明：

初入职场的A君设定了一个奋斗目标——五年之内成为公司管理层。

通过多杈树法进行分解目标，A君先分析了公司管理层的入职要求：研究生学历、三年以上工作经验、社交能力强、精通英语、善于沟通、拥有一定客户资源。

根据这些硬性要求，A君继续分析：自己是本科学历，所以需要利用业余时间读研，为此他制订了相应的学习计划。

精通英语，虽然自己已经考过英语六级，但为了更进一步，决定报考雅思。

拥有一定客户资源，A君在工作中注意培养人脉，平时也会积极参加应酬，增加与客户之间的走动。

如此类推，一个完整的目标多杈树结构图就绘制出来了，新的想法可以通过分枝不断呈现，这样就会清楚自己现阶段要完成什么工作了。

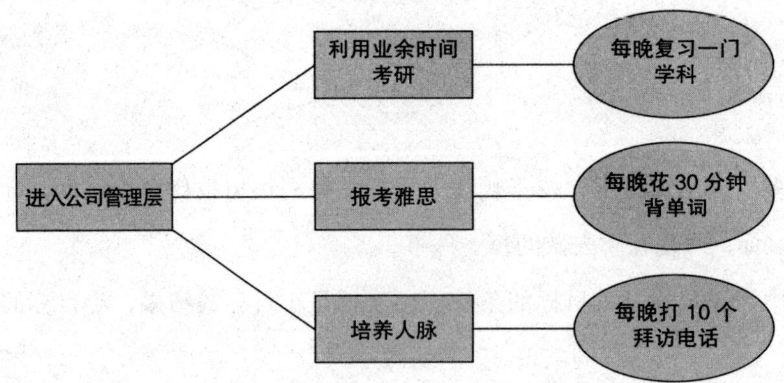

2.思维翻转，发现眼界之外的风景

不管面对新鲜事物还是已有事物，打破传统习惯造成的思想桎梏，发现眼界之外的东西，可以帮助我们用最快的速度打开局面。

聪明人有一个习惯，就是在接触到一个新项目的时候，先对自己的已有观点提出质疑。这些质疑一方面可以发现事情不同的角度，另一方面也可以规避未知的风险。

马云最开始是做企业黄页的，经过团队内的数次调整，最后从B2B转型做了淘宝，成就了今天的淘宝帝国；

360最早是从社区搜索起步的，后来逐步发展为以安全为核心业务的互联网巨头；

聚美优品，最开始做的是游戏内置广告和游戏平台，现在主要业务集中在化妆品电子商务领域；

…………

这些成功企业背后都有绝顶聪明的一群人，他们的思维翻转速度超过常人，不会一条路走到黑，而是善于发现眼界之外的风景，他们在创业过程中会不断发现新的机遇，于是对已有观点提出质疑，分析之后作出最优调整。

跟商界一样，职场也是一个高速变化的行业，所有的人都在变化中寻找自己的定位，一个聪明的职场人不是傲娇地守护自己内心的小自尊，而是需要脚踏实地地找到一条正确的道路。

所以，只有对自己保持质疑，对所做的事情保持质疑，才能找到一个更快发展的机会，找到属于自己的风口，找到职场生涯的爆发点。

先对已有的思维进行主动质疑，就可以得出来以前没有看到的风景。

我们不妨来回想一下阿凡提的小故事：

巴依老爷抓住了阿凡提。他对阿凡提说："我这里准备了两个纸团，一个写着'生'字，一个写着'死'字。你任意抓一个，就按上面的字处理你！"其实，巴依老爷把两个纸团都写上了"死"字。阿凡提怎么办才能免除一死呢？

这个时候如果按照惯性思维，不管选择哪个都会是死路一条；相反，如果选择一个吃进肚子里，然后只能打开另外一个验证，而打开的那个是"死"，说明阿凡提选择后吃进肚子里的那个是"生"。

你最后能看到的纸团是你眼界之内的风景，而那个吃进肚子没有打开的纸团就是你眼界之外的新思维。

iPhone出现之后，当时Palm公司CEO埃德·科林根曾经说过这样一段话："我们已经在这里研究并奋斗了数年，以搞清楚如何制造一个出色的手机，搞PC的家伙不会突然搞懂这个。他们不可能就这样走进来。"

如果说Palm是出于竞争关系才这样说的话，《创新者的困境》的作者Clayton Christensen作为旁观者，也对iPhone的出现作了错误的预判，他认为iPhone是苹果公司对其他手机厂商的一个反应，当其他公司的手机可以取代iPod作为一种新的音乐播放设备时，苹果必须发布一款手机产品iPhone来对抗，而这种对抗绝对不会成功。

上面两个人所犯的错误不外乎习惯性思维对他们造成的误导：他们没有认识到手机将会变成电脑。他们认为，PC制造商不可能进入手机市场，因为他们没有手机制造经验。

而最终如我们所看到的，iPhone彻底改变了手机行业的游戏规则，它颠覆了当时高端手机的设计模式，完全抛弃了键盘，用一块覆盖整个机身正面的触摸屏取而代之，所运行的APP也与PC程序十分接近。

回头去看，我们很容易嘲笑埃德·科林根等人，但是在当时又有几个人可以对当时的键盘手机提出质疑呢?

如果我们能常常质疑自己，发现自己眼界之外的风景，那么恭喜你，你离成为优秀人才又近了一步。为了做到这一点，你需要用到创新思考法，有关创新思维的方法很多，根据不同情况，可以选用不同的方法，下面介绍一种水平思维法。

这种方法是针对垂直思维（逻辑思维）而言的，垂直思维是以逻辑与数学为代表的传统思维模式，这种思维模式最根本的特点是：根据前提一步步地推导，既不能逾越，也不允许出现步骤上的错误。

经常使用垂直思维的人缺少创造性，只能看到眼界之内的物体，看不到眼界之外的风景。

与垂直思维不同，水平思维不是过多地考虑事物的确定性，而是考虑它多种选择的可能性；关心的不是完善旧观点，而是如何提出新观点；不是一味地追求正确性，而是追求丰富性。

举一个例子：农民向地主借了一笔高利贷，无力偿还。地主借机想要农民的女儿，用来抵债，但姑娘至死不从。

地主提出了一个解决办法，他对姑娘说："现在我从地上捡起一块白石子、一块黑石子，装进口袋里由你来摸。如果你摸出白石子，你父亲的债就一笔勾销；如果你摸出的是黑石子，那你就得和我成亲。"说完，地主偷偷地将两块黑石子放进了口袋。

虽然动作很隐蔽，还是被姑娘发现了，所以她无论怎么选择，都会摸到黑石子，也就是必须跟地主成亲。

问题来了，如果你是农民的女儿，你会怎么办?

通常的办法有以下几种：（1）拒绝摸石子，然而问题得不到解决，父亲还得去坐牢；（2）揭穿地主的诡计，问题仍然得不到解决，父亲依旧要坐牢；（3）不得已，随便抓出一块黑石子，违心地同地主结婚。

以上便是根据垂直思维得出来的结果，都不尽如人意。接下来，我们以水平思维来考虑这个问题。

将思考的焦点移向水平方向：不要只盯着地主口袋中的石子，而是移到地上的石子，这是在转移思维方向。

姑娘可以这样做：答应地主的要求，伸手从他的口袋里抓起一块石子，然后故意使其掉落在地上。这时可以对地主说：“呀！我真不小心，把石子掉在地上了，这么多石子，也无法分清刚才那块是黑是白了，不过看看你口袋里的就知道了。”

这个故事跟上面阿凡提的故事一样，利用的都是跳转思维的方式，从垂直思维转化为水平思维，这样的思维创新，可以保证你胜过90%的平庸之辈。

3.就算旁边站着卡米拉·贝勒也不看一眼

卡米拉·贝勒是谁?

2010年10月，美国专业电影网站"Independent Critics"公布由几百万名网友票选出来的一百名拥有最美脸孔的女性，结果卡米拉·贝勒夺魁。

如果这位世界上最美的女人出现在你的附近，你会不会回头看一眼?

相信99%的人都会情不自禁地注视着她，然而想要成为超级精英，就必须专注于目标，不畏诱惑。

生活和工作中，总有许多繁杂的诱惑和眼花缭乱的选择来干扰我们的目标，阻碍我们的思绪，让我们效率低下，这个时候，我们一定要坚守住自己的目标，集中精力，才能获得成功。

马云从1995年到现在，用二十年坚守出了一个世界最大的B2B电子商务网站。在逆境中坚持自己的道路需要有很大的毅力，在顺境中坚持则更需要有极大的毅力。

这其中经历了互联网的严冬，没有资金、没有盈利模式，面对质疑和谩骂，马云并没有就此放手。

在2002年左右，当时互联网最容易盈利的是短信业务和游戏业务，四大门户和网络游戏都在市场上日进斗金，只有马云一个人还在做电子商务，而现在回头再看，短信业务已经成为过眼云烟，当年知名的网络游戏公司也都成为明日黄花，唯一留下来的只有马云的阿里巴巴。

成功的关键不在于你涉足了多少领域，而在于你是否能够在某一方面深入钻研，做到无人能及。一旦选定了一个目标，就应该彻底地排除外界和内心的干扰，聚焦、聚焦再聚焦，专注、专注再专注，那么就一定能够实现目标。

如果你是一名互联网产品经理，那么你需要专注产品上线后的目标：用户体验究竟如何？用户停留时间有多久？用户对新上线的产品有什么反馈意见？

这些都是一名合格的产品经理所应该关注的，无论多么厉害的产品都会面对用户挑剔的指责，你所能做的就是及时更新换代，通过更加详细的用户调研来满足用户需求，通过更多的数据收集分析来知道自己的用户群体画像。

如果你是一名互联网运营经理，那么你需要关注的是产品在市场上的表现：新产品给公司带来了多少流量？在用户中的口碑如何？是否促进了用户的消费转化率？

酒香也怕巷子深，一名出色的运营经理会利用自身资源与外在资源营销产品，增加用户流量，获得用户口碑让产品传播途径更快。

想要提高工作效率，培养专注的习惯是很重要的，很多人不重视这样的细节，认为面对重要任务时，自然会更加专注。然而，真正的聪明人会培养专注的习惯，这样才能保持一如既往的高效。

培养专注力，只需要几个很简单的点，你做到了吗？

一次只做一事

俗话说：追二兔者一无所得。

在繁忙的职场生活中，大部分人都无法做到这一点，他们不仅要想着现在正在做的数据报表，还要想着中午去哪里吃饭，下午开会如何汇报，以及下班给孩子买什么礼物。其实，如果我们一次做一件事情，就可以在更短时间内完成更多的任务，更快地达到我们的目标。

对于不同的任务，人脑内有不同区域和机制对应地进行处理。无论是哪种机制，在涉及注意力的处理目标/预期任务时，对其他同种类型任务的处理能力就会降低。

处理能力降低来源于两个方面：一个被称为“任务切换耗散”（switching costs），另一个被称为“任务混淆耗散”（mixing costs）。

前者是指在同时处理的两个任务间相互切换时，人脑认知压迫前一任务并强化后一任务所需要的时间和导致的认知能力降低；根据所处理任务的复杂度不同，这一切换的时间可以有很大差异，简单任务消耗时间在200毫秒左右。

后者是指在认知切换到后一任务之后，头脑中仍然会时不时地出现前一任务的内容，这不可避免地会降低认知能力。比如，刚刚进行了网络购物，马上开始正常工作，此时头脑中仍然会出现“剁手”任务场景，而工作本身需要消耗特别多的脑力，因此使人面临畏途，降低工作效率。

最大限度降低外界干扰

职场人士中流行着一款UBhind的APP，这款APP最大的功能亮点就是自定义锁定时间的功能。

当你设置好时间后，你的手机在这段时间内就变成了一个只能打电话发短信的老人机，其他功能一概不能用。要是中途突然想玩手机了怎么办？No way！不要妄想杀掉它的后台，因为无论你长按哪个键都不会有效果。

完全避免了手机游戏、微博、淘宝以及微信的干扰，让你可以专心致志地进行一项工作。

保持头脑清醒

只有头脑清醒的时候专注力最高，而大脑能维持高效思考的时间在8～10小时，普通人高效专注的时间更为有限。所以，当你感到疲劳、困倦的时候，试着睡一会儿，做几个深呼吸，用冷水洗把脸，或者是其他让你能够快速清醒的方法，之后再投入工作，这样才能保持专注。

第二章 拆分问题的关键技术

经典电影《教父》中有一句话:“在一秒钟内看到本质的人和花半辈子也看不清一件事本质的人,自然是不一样的人生。”而我们在工作中的困难常常就在于无法正确拆分问题,没有将复杂、未知的问题分解成已知、简单的问题。

4．解决问题的方法很多，选择最优途径

有一个上市公司CEO说：晚上12点刚开完会，还是要锻炼，决定跑步回家。

马化腾就问：你是换了衣服再背着背包跑吗？

那人说，办公室备了衣服，让司机把包送回家。

马化腾又问：路上的人和车那么多，让司机送你到体育场或者室内跑，会更安全吧？

跑步锻炼身体当然是一个需要解决的问题，但这位上市公司的CEO正确地做了吗？

在马化腾看来，他并没有找到跑步锻炼身体的正确途径。

在互联网公司中，基本上你所能遇到的问题，都是需要解决的。但解决这些问题的途径却都未必正确，或者说并非最优途径。

譬如公司对产品的PV/UV提出了具体的数字，是希望通过用户数的增加来获取收入，如果为了单纯的数据增长而去刷垃圾流量，必然不是公司想要的正确途径。【注：PV（页面浏览量）和UV（独立访客）通常是衡量一个网站活跃用户的主要指标。】

正确处理两者之间的关系，除了涉及工作方法问题，还体现出一种重要的

管理思路。企业制定了正确的战略，就开始进入“正确地做事”的执行阶段。方向一经确定，执行就有了保证，而方向出现偏差，执行得越坚决，损失就越大。这也从反面验证了两者的关系。

所以，一流人士会在着手之前先思考并找准解决问题的方向，没有找到之前，他们宁可花更多的时间去思考，也不会像无头苍蝇一样乱撞。

曾经有一个魏国人，从魏国到楚国去。他带上很多的盘缠，雇了上好的马车，请了驾车技术精湛的车夫，就上路了。楚国在魏国的南面，可这个人赶着马车一直向北走去。

路人问他的车是要往哪儿去，他大声回答说：“去楚国！”路人告诉他说：“到楚国去应往南方走，你这是在往北走，方向不对。”那人说：“没关系，我的马快着呢！”

路人拉住他的马车，阻止他说：“方向错了，你的马再快，也到不了楚国呀！”那人依然毫不醒悟地说：“不打紧，我带的路费多着呢！”

路人极力劝阻他说：“虽说你路费多，可是你走的不是那个方向，你路费多也只能白花呀！”魏国人有些不耐烦地说：“这有什么难的，我的车夫赶车的本领高着呢！”

路人无奈，只好松开了拉住车把子的手，眼睁睁看着那个盲目上路的魏人走了。

不听别人的指点劝告，仗着自己的马快、钱多、车夫好等优越条件，朝着相反方向一意孤行。那么，他条件越好，只会离要去的地方越远，因为他的大方向错了。

诺基亚在智能手机领域的失败就是一次赤裸裸的教训，在2010年左右，诺基亚的Symbian系统已经不适应智能手机时代的发展，除了苹果，几乎所有手机厂商都转向Android平台。但诺基亚没有，它选择操作系统的理由是看重是否能成为其领导者，这与自己的老大心态一脉相承。在诺基亚看来，选择

Android系统，做得再好，也只是谷歌最大的代工厂商。而选择微软，则可以建设另一个手机系统生态圈。

但是，从2011年至2013年，Windows Phone生态迟迟落后于其他系统，诺基亚落得独木难支的境地。

从一开始，诺基亚就选错了道路，落到最后的境地，其策略制定者难辞其咎。

雷军有一句话：“永远不要试图用战术上的勤奋，去掩饰你战略上的懒惰。”

在这句话的基础上，金山网络的CEO傅盛提出了“管理三段论”：

（1）目标，一定要把自己的目标作为自己思考的第一要素，多花时间想清楚目标；

（2）路径，梳理出如何实现这个目标的整个路径；

（3）资源，评估通过这个路径实现目标所需要投入的核心资源。

以上三步厘清之后，所有的工作再紧紧围绕目标展开。

简而言之，就是定简单“目标”，想清楚“路径”，投有效“资源”。

随着互联网竞争的进一步白热化，对互联网的从业人士也提出了更高的要求，普通的产品经理思考功能实现，主管级的产品经理思考战术实现，总监级的产品经理思考多个产品之间的协同，而CEO则应该从战略纬度、产品组合、资源路径，最后再到具体执行层面的协同，最终形成用户认可的高频次产品。

最优路径法，这是聪明人在面对问题时普遍采用的方法，指的是当一个问题有多种方法可以解决时，选择最优路径。

操作方法很简单，第一步列出问题，第二步列出潜在的解决方法，逐一分析找出最优途径。

例如：“如何在短期内最大限度提高图书销量？”

（1）微博进行转发赠书活动；

（2）作者通过讲座售书；

（3）跟当当网、京东等电商谈，将图书放在首页位置。

很明显，前两种做法的转化率有限，毕竟如今的图书销售80%甚至更多都要依靠电商，那么该问题的最优路径就是第三种方法。

5.让创意飞溅的头脑风暴法

豌豆荚有一个“Hack day”的固定节日，跟百度的Summer Party一样，每年都有一两天的时间，豌豆实验室所有的豌豆都会放下手上的正经工作，停止产品的发布，打乱原有的分工，组成一个个新团队，开始做一些稀奇古怪、看起来跟平常做的一点关系也没有的产品。豌豆荚甚至会从外部邀请一些有创意的人士一起头脑风暴稀奇古怪的点子，一起把所有的想法都变成现实。这些或保守，或疯狂，或朴实，或概念的作品将成为“Hack day”最美妙的成果，并分享给豌豆荚千万用户。豌豆荚的“百宝袋”和无聊治愈所都是团队内部头脑风暴的结果。

无聊治愈所活动是豌豆荚公司2014年最大规模的推广活动，它围绕豌豆荚“移动内容发现入口”的产品定位。选择哆啦A梦作为推广活动的吉祥物，因为哆啦A梦有求必应、应有尽有，总能给人带来欢乐和惊喜，这也是豌豆荚希望带给用户的体验。

在无聊治愈所的线下活动中，可以在活动现场看到众多无聊病症的解药。每种解药都有不同颜色的漂亮瓶身，扫描瓶身上的二维码能在手机上查看对应的解药，也就是视频、电子书、游戏和应用这些在豌豆荚中能搜索并直接消费的内容。

“头脑风暴法”的提出是针对传统决策的弊端，希望以群体讨论的方式，让所有工作的参与者都可以不拘一格地发表自己的看法，调动人的积极性和创造性，打破传统决策中一言堂的弊端，从而使团队的凝聚力和创造力得到提升，现在已经成为所有互联网公司工作初期的常规步骤。

由于团队讨论使用了没有拘束的规则，人们就能够更自由地思考，进入思想的新区域，从而产生很多的新观点和问题解决方法。当参加者有了新观点和想法时，他们就大声说出来，然后在他人提出的观点之上建立新观点。所有的观点被记录下来但不进行评价。等到头脑风暴会议结束后，才对这些观点和想法进行评估。

头脑风暴的特点是让参会者敞开思路，使各种设想在相互碰撞中激起火花。其可分为直接头脑风暴法和质疑头脑风暴法，前者是在专家群体决策基础上尽可能激发创造性，产生尽可能多的设想的方法；后者则是对前者提出的设想、方案逐一质疑，发现其现实可行性的方法。

马路的这边有一只小鸡，马路对面的草丛里有很多美味的虫子，但现在马路被太阳晒得很烫，还有很多汽车来来往往，这只小鸡有什么办法去吃到虫子？

表面看起来是一道没有办法的问题，但是如果大开脑洞，你会发现可以出现有想法的小鸡、会来事的小鸡、让人不得不服的小鸡……

走过街天桥；

地下挖隧道；

爬到树上，扑腾过去；

请燕子姐姐背过去；

打出租车过去；

等到天黑，没车的时候走过去；

沿路走到路的尽头，绕过去；

在马路这边种草，把虫引过来；

点外卖把虫子送过来……

一个问题会出现数不清的答案，而其中想出那个最绝的方法的一定会受到老板的赏识！

在职场中，当准备开始一个新项目，或准备开发一个新产品时，大家就会找一间会议室，准备好白板和马克笔，把所有人关于新项目的想法都记录在白板上。与传统的会议不同，头脑风暴不是单方面的信息传送，它需要所有人在前期作好准备，以便在头脑风暴会上，将已经梳理完毕的观点分享给团队的其他成员。

首先要定义一个明确的主题，而不是“我想拉大家一起聊聊这个产品”这么简单。例如“如何改善公司餐厅的就餐体验”就不是一个明确的主题，而“如何改善公司餐厅排队时间长的问题”则可以算作一个明确的主题。

当主题明确之后，就要给出头脑风暴的关键词，比如增加餐厅面积、增加就餐途径、提高就餐补助等，这些关键词需要在头脑风暴之前进行一个初步筛选，确定若干个核心关键词。

其次是督促大家将材料整理好，并归纳某些发言的核心内容。头脑风暴的主持者或记录员需要将与会者的所有设想都及时编号，简要记录，最好写在白板等醒目处，让与会者能够看清。

而这些设想在会后都会得到统一的处理：一种是专家评审，可聘请有关专家及畅谈会与会者代表承担这项工作；另一种是二次会议评审，即由头脑风暴畅谈会的参加者共同举行第二次会议，集体进行设想的评价处理工作。

头脑风暴是互联网公司流行的一种工作方式，它简便易行且极易引发创意，当遇到难以解决的问题或者开展一项新工作时，不妨找部门的同事来一次头脑风暴，你可能会获得意想不到的成果。

6.成大事者的全局思考法

上文中强调了专注目标的重要性，但当工作过程中出现新的问题时，也需要避免一叶障目不见泰山，避免因为过度关注某一点而丧失大局观。

全局观指能够全面、系统地看待工作中出现的问题，并从整个公司的角度去思考问题，因此能够从整体上把握事物发展的趋势和规律。具有全局观的人，一般可以做到从高处俯瞰事物，只有保证视野开阔，才能够看到事物的全部，在思考和决策的时候，思维盲点就会相应减少。而缺乏全局观的人往往会只抓住眼前或局部一点猛攻，常常顾此失彼，对于公司和上级的战略意图，要么简单执行，要么打折扣地执行。

因此，在职场中，我们经常看到这样一类聪明的人，他们在做一件事情的时候，不仅考虑到老板的要求，还会考虑到用户和业务的实际需求，进而考虑到如何在既定的成本下同时让老板和用户满意，聪明人可以通过某一次的工作，为之后的工作复用奠定基础。

打一个简单的比方，互联网中常见的运营活动是抽奖，一般由运营经理提需求，产品经理负责原型和产品文档的产出。这项工作可以做得简单，也可以做得很有大局观。

做得简单，就是产品经理根据运营同事提出的需求，把原型画出来之后，产品文档照搬抽奖规则即可。这种做法无疑会在需求评审中被各种吐槽：除了抽奖规则外，没有后台功能，没有抽奖活动在整个产品中的设计逻辑。

而一个有大局观的产品经理在做每一次活动需求的时候，都不能仅仅考虑单次活动需求，而是应该让产品有足够的灵活性，可扩展，可复用，能满足将来类似活动可能的各种变化。那么，抽奖的后台是否同时支持实物奖品和虚拟奖品的发放、奖品如何配置和审核、不同时间的中奖率是否有区别，这些都是需要产品经理所考虑的。

在互联网公司中，如果没有全局观，那绝对不可能称之为互联网的精英人士。因此，在埋头苦干的间隙，要时常停下脚步，整理一下自己的思路，看看自己正在做的事情是否还在正轨上。可能你发现自己正在从事的工作没有问题，但放在整个部门和整个公司的布局中，就可能发现其中存在的问题。

项羽曾经率领六万义军全歼秦军二十万，一举扭转战局,最终灭秦。但他在楚汉争霸中为什么会失败?

就是因为他没有全局观，不善于从宏观、整体的角度分析事情，作为一名志在天下的霸王，他大部分注意力放在了前线战场上，而对后勤保障和巩固领地方面关注得不够，所以在整个楚汉争霸期间，楚国的后方不断被彭越骚扰，手下大将周殷也被黥布策反，东边又被韩信占领了。虽然在正面战场上经常胜利，但从全局来看，项羽的统治能力实属一般。

在职场中也是一样，如果不能站得更高，看得更远，从宏观角度分析工作，只是埋头于那些琐碎的事务，别说在职场上走得更远，可能连工作的大方向都摸不清楚。

诚然，在实际工作中，我们会发现需要处理的问题接踵而至，很容易陷入焦头烂额的忙碌状态。如果一个一个去审视自己做的事情是否符合大局观，那么这个审视的过程将会占据你大量的时间。这个时候，我们需要做的不是被眼前数不清的烦冗事项所牵绊，而是要看看这些事情中，哪些是主要的，哪些是次要的，在所有的事情中，优先处理那些更加符合大局观的事情。

如果在这个审视的过程中，发现我们现在正在做的事情对整个部门和公司的大局观没有任何帮助，那就要及时向自己的上司反映情况，并将有限的时间和精力投放到跟大局观相符的工作中去。

如何在长期的工作中时刻保持大局观呢？聪明人往往会这样做：

（1）遇事多想想，三思而后行，明白自身在部门和公司中的位置

你说的每一句话、做的每一件事，以及每一次决定会产生什么影响或者后果，你又将如何应对这些影响或后果。

（2）确定自己在公司全局下所承担的责任

所有的职场人士都离不开的话题就是KPI（关键绩效指标），从德能勤绩评价表、360度考核，到年度季度和月度KPI，如何牵引员工达成目标，如何帮助员工实现结果，广大的HR们在制度牵引上、过程支持上、问题改善上大做文章，试图通过绩效管理的方式将公司最高层的指示传达到每个人的身上。而这一切都是为了帮助员工确定自己在公司全局下的定位，保证员工在一个相当长的时间内不偏离主要大局观。

（3）拎清孰轻孰重，抓主要矛盾

毛主席在《矛盾论》中说“凡事抓主要矛盾”，这句话同样适用于职场，在难以两全的时候，要站在全局观的角度，懂得放弃小利益保全大利益。

（4）从更长远的角度思考职业发展的问题

很多时候，人们在工作中并不能真正地感觉到快乐。职场中人或多或少都会有这样的一种感觉：星期一是一周中最黯淡的日子，而每天下班时才是快乐生活的开始。事实上这是一种恶性循环，你越是觉得工作痛苦，赚钱就越难；赚钱越难，工作就越是令你感觉痛苦。

如果把获得薪水当作工作的全部，那么工作就会成为一件很痛苦的事情，但实际上，工作并不是一种雇主与职员的雇佣关系，而是双方的合作关系，而工作的意义也不仅仅在于一份薪水，它更重要的作用在于通过长期的工作完善我们的品性和心智，把我们从一个普通人慢慢打磨成一个有光泽的人，而如果只是以一个职工的角度看待工作，是无法获得职业的长足发展的。

7.MECE分析法

大部分人进入职场三四年之后，会遇到职场生涯中第一个瓶颈期，在这个时间段内，可能一起踏入职场的人已经升职加薪，具备带领团队的能力，而自己还在原地踏步。

为什么有些人能脱颖而出？所谓的聪明人，到底有哪些过人之处？

先来看看那些在职场中如鱼得水的人有哪些特质：良好的沟通和交流能力、超强的演讲能力和说服力、高度的自制力和良好的工作习惯等。这些都是很多职场人梦寐以求的特质。

其实，这些成功者的特质并不是与生俱来的，而是通过各种科学的工作方法锤炼出来的，最常见的就是麦肯锡公司内部流行的MECE工作法。

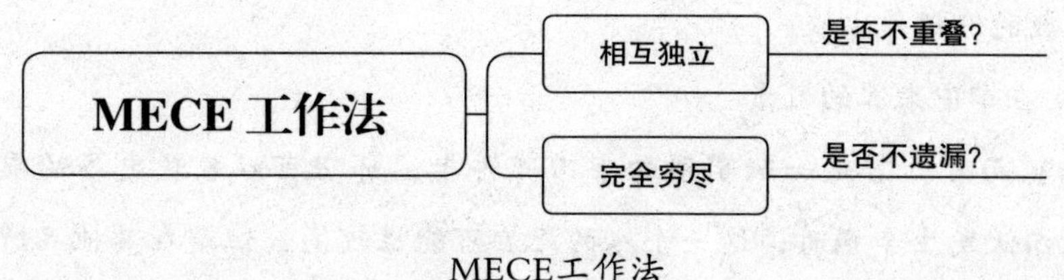

MECE工作法

MECE全称为Mutually Exclusive Collectively Exhaustive，意思是“相互独立，完全穷尽”，它能帮助你最大化地理清思路。解决一个问题，能够做到全面思考问题涉及的方方面面，就是做到“完全穷尽”，这样就能清晰地把握问题的全部，也就能从容地应对解决过程中遇到的情况；“相互独立”是说让问题的各个环节独立呈现，避免混乱。

麦肯锡内部曾经有这样一份面试题目：

沃尔沃（Volvo）——美国最安全的汽车

据一份新的美国政府报告表示：在美国，相比其他品牌的车，在沃尔沃的车中，死亡的人数更少。

请评估上述这段陈述的正确性/合理性/逻辑性。

这句话看似简单没有什么毛病，但是要从正确性/合理性/逻辑性三方面考虑的话，就必须借助MECE工作法，逐字逐句地去判别这句话里面逻辑上不合理的地方。

（1）首先是“美国最安全的汽车”这句话中“安全”的定义

题目中安全的车只是这样的一种车：人不是在车中死亡。但是有可能乘客（在车外）之后才去世，或者受重伤。

如果我们相信题目的假设，即安全的车真的是让更少的人在车中死亡，那么接下来应该考虑是：

（2）路上的车的数量

也许沃尔沃在路上行驶的车比其他品牌的车更少，那么鉴于此，在他们车中的死亡人数也应该会更少。为了验证这个想法，我需要知道有多少辆沃尔沃的车在路上行驶，对应其他品牌的车又有多少辆，并且将相关车辆的市场份额与死亡人数的份额作比较。

（3）在车中乘客的数量

相比较而言，若是一辆家用的丰田牌轿车，那它可以装载更多的乘客。也许当沃尔沃发生车祸时，这一个人的死亡可能性较高，但是在其他品牌的车中，死亡可能性相比没那么高，但是它们却装载着更多的乘客，所以可能死亡人数会大于1。（也就是说，这种情况下，虽然也能得到沃尔沃的死亡人数较少的结论，但是并不能证明它更安全。）为了验证这点，需要知道沃尔沃车与其他车辆制造商相比，单位旅程车中的平均旅客人数。

（4）车祸的数量

或许沃尔沃比其他车遭遇的车祸要多得多，但是可能发生车祸后死亡的概率比较小。

比如，也许沃尔沃的刹车失灵，所以每次都会发生车祸，但是沃尔沃的车体框架构造以及安全气囊非常好（所以发生车祸后死亡率会比较低）。为了验证这点，需要知道沃尔沃与其他车辆发生车祸的次数，特别是结合它们对应的市场份额来作比较。

（5）里程数

相比其他制造商生产的车而言，或许沃尔沃被驾驶得没那么多次，自然里程数也会比较少。

如果沃尔沃开得不多，对于较短的里程数来说，可能沃尔沃发生车祸的概率也会比较低，就是说，也许这辆车实际上更危险，但是用得很少，所以发生车祸的次数自然也会少。为了验证这点，需要知道沃尔沃与其他车相比，每年平均的行驶里程数。

（6）司机

或许沃尔沃的车并不是更安全的车，但是可能沃尔沃的司机更安全。

基于以上论述，简单的一句话里，聪明人会发现很多漏洞。

而大部分人之所以没有发现这些问题，主要原因是他们把注意力集中在了这句话的个别字眼上，而没有考虑得更加全面和彻底；而有的人则在寻找逻辑漏洞的过程中，前后发生了重复，这些都不符合MECE的工作原则。

MECE方法其实就是一种结构化的思维能力，从解决方案最高层次开始逐层列出你必须解决问题的各项组成内容，但是要注意的是，在同一层面的每一项内容都是独立并可以清晰区分的，如果不是这样，那么可能要把内容进行重新划分。

一般而言可以通过以下三步来实现MECE原则。

1.锁定问题的范围

必须明确问题的范围到底是什么，比如公司内部的事情：小组内、部门内、跨部门、公司内、跨公司……所有问题都有一个范围，MECE工作法要求我们首先确定一个工作范围，在这个工作范围之内进行问题的分解。

2.寻找问题的分类属性

确定问题的范围之后，还需要确认问题的分类和属性，它们的共性是什么？比如，是按先后分、按上下分、按性别分……

当你实在不知道怎么分的时候，可以采用二分法或者穷尽法：

二分法：只有是与否两种选择，比如，对与错、是与非、男和女、黑和白……

穷尽法：按照某种大类后，依次对小类进行分类，直到最小单元，比如，国家—省—市—县—乡—村—人，当分到人的时候，就到这个问题的最小单位了。

3.确认是否“不重叠，无遗漏”

除此之外，运用MECE法则时需要注意下面几点。

（1）全方位、多角度地思考

考虑问题要善于从不同方位、不同角度出发，结论会有所不同，一条思路容易产生误导。让思路尽可能地开阔，尝试不同的思路，这样就能发现很多重要的信息，或者萌生新的想法。

（2）以事实为依据

对问题产生影响的各个因素进行深入的分析，列出支撑分析的各项事实，掌握的事实越多，对解决问题越有利。

（3）发挥图表的优势

可以运用图表将数据、事物间的联系清晰地表现出来，条理清楚，一目了然，可以为分析提供便利。

第三章

让效率提升30%的工作安排法

好的想法是永远需要有高效的执行力来实现的，尤其在工作节奏飞快的如今，行动的力量是无穷的，要想从职场中脱颖而出，必须向所有人证明你可以比别人更高效地解决问题。

8.生命不长，每一分钟都要过得有价值

当今世界发展，无论是生活还是工作，都进入了一个快节奏的状态，尤其是对互联网行业而言，争分夺秒非常重要。

PayPal在成立之初凭借其绝佳的创意获得了众多的用户，然而正当他们为此沾沾自喜的时候，却意外地发现了一个强大的竞争对手——dotBank。dotBank的服务不仅效仿了PayPal的基本支付功能——用户可以输入收款人的电子邮件，然后使用信用卡进行转账——而且还抄袭了PayPal推荐用户获得奖励的做法。

原本账单功能以及团体支付工具都在PayPal的计划之中，只是因为先设计了其他功能而耽搁了，dotBank的出现让他们不得不争分夺秒地赶进度，这项工作大概用了不到一周的时间，而这不到一周的高效工作让PayPal在之后的竞争中保持了优势。

卡尔·华尔德曾经是美国近代诗人、小说家和钢琴家爱尔斯金的老师。一天，卡尔·华尔德授课的时候，忽然问爱尔斯金每天要练习多长时间的钢琴?

爱尔斯金回答:“每天三四个小时。”

卡尔·华尔德又问:“你每次练习,时间都很长吗?是不是有个把钟头的时间?”

爱尔斯金又给了肯定的回答。

而华尔德却说:“不要这样!等你长大以后,每天不会有长时间的空闲的。你可以养成习惯,一有空闲就几分钟几分钟地练习。比如在你上学以前,或在午饭以后,或在工作的休息时间,五分钟、五分钟地去练习。把小的练习时间分散在一天里面,如此弹钢琴就成了你日常生活中的一部分了。”

当爱尔斯金在哥伦比亚大学教书的时候,上课、看卷子、开会等事情把爱尔斯金白天晚上的时间占满了。差不多有两个年头爱尔斯金一直不曾动笔,因为爱尔斯金总是找不到时间。后来他才想起了卡尔·华尔德的话。只要有五分钟左右的空闲时间,爱尔斯金就坐下来写一百字或短短的几行。

仅仅过了一周,爱尔斯金就写出了很多稿子。

同样的事情还发生在蒂姆·库克身上,尽管现在库克还没证明自己能够让苹果在“后乔布斯时代”仍然可以一骑绝尘,但从他的作息时间上可以看出,他在努力证明自己是“世界上最具价值的CEO”。

库克每天早上3点45分起床,4点半开始整理发送公司邮件,5点就已经在健身房锻炼身体了,每天第一个到达办公室,不仅起得早,他同样工作到很晚。

职场精英人士近年流行一种番茄工作法的时间管理方法,这是弗朗西斯科·西里洛在1992年创立的一种相对于GTD更微观的时间管理方法。

它把时间分成小段。在25分钟中,关闭外界所有可能的干扰,这段时间中你只去做一件事。完成一个“番茄钟”,休息5分钟,然后重新开始。重复两次这样的过程。

之后,你再工作一个25分钟,然后有一个15分钟(或者更长时间)的休息。这种方法可以将你待办清单上那些难搞的、模糊不清的任务分解为一连串容易处理的、以25分钟为一个时间单位的事项序列。

1.制定番茄钟

在每天工作的开始，将当天要处理的事情一项项列在白纸上，再预估一下完成每项任务需要的番茄钟，作为今日待办清单。

今日待办清单

事件	预计番茄钟	番茄记录	实际番茄数
（示例）完成项目总结报告	2		
稿件1篇	3		
每日阅读	2		
培训资料整理	1		
课堂笔记整理	1		
计划外事件			
今日总结			

这样就可以暂时将大脑清空，暗示大脑只想着清单上的这几个事项。

2.进入番茄钟

从今日待办清单中选出一件最重要的事情，准备开始“吃第一个番茄”。此时可以打开计时器，不去考虑清单上的其他事情，把所有的精力都放在第一个番茄上。

这种类似“高考倒计时200天”的工作方式可以让我们的大脑进入一种紧张且兴奋的状态当中，不由自主地在倒计时中做到更加专注地投入。

在此过程中，我们必须严格按照番茄钟的时间来进行，一项工作如果提前完成，就继续检查有无遗漏和更改，直到番茄钟响铃。

3.休息一下

当定时器走到25分钟时就会响铃，证明你已经“吃掉了一个番茄”，此时应立即在今日待办表格中画一个“×”做记录，然后进入5分钟的休息时间。

今日待办清单

<table>
<tr><th>事件</th><th>预计番茄钟</th><th>番茄记录</th><th>实际番茄数</th></tr>
<tr><td>（示例）完成项目总结报告</td><td>2</td><td>×</td><td></td></tr>
<tr><td>稿件1篇</td><td>3</td><td></td><td></td></tr>
<tr><td>每日阅读</td><td>2</td><td></td><td></td></tr>
<tr><td>培训资料整理</td><td>1</td><td></td><td></td></tr>
<tr><td>课堂笔记整理</td><td>1</td><td></td><td></td></tr>
<tr><td></td><td></td><td></td><td></td></tr>
<tr><td></td><td></td><td></td><td></td></tr>
<tr><th colspan="4">计划外事件</th></tr>
<tr><td></td><td></td><td></td><td></td></tr>
<tr><td></td><td></td><td></td><td></td></tr>
<tr><td></td><td></td><td></td><td></td></tr>
<tr><td></td><td></td><td></td><td></td></tr>
<tr><td></td><td></td><td></td><td></td></tr>
<tr><th colspan="4">今日总结</th></tr>
<tr><td colspan="4"></td></tr>
</table>

需要注意的是，休息期间一定要将工作暂时放下，不要再想上一个番茄钟或下一个番茄钟的工作内容，也不要打重要电话或者写重要邮件，让大脑充分

吸收过去25分钟的脑力震荡。

番茄工作法可以大幅度提高做事情的专注程度，不用再去焦虑某件事情的难度和耗费时长，因为注意力都集中在了当下的25分钟里。

“番茄”虽然好吃，但也要注意量的控制。毕竟人的精力是有限的，应当合理评估自己对于番茄工作法的接受量，避免过多的番茄带来的工作压力，如果是新手的话，可以从8个番茄钟开始训练。

时间是现代竞争中不可避免的，把握时间的人，一定是与高效同行的。能掌控好时间的人，永远能跑在时间的前面。

9.晨间统筹法

俗话说得好，早起的鸟儿有虫吃。在互联网时代尤其如此，互联网公司CEO们的一个共同特点是早起。在早上可以完成很多的事情，包括工作、生活等各个方面，他们认为这就是他们的“工作方式”，通过比别人早起一小时，把接下来一整天的工作安排得井井有条。每天叫醒他们的不是闹钟，而是梦想，具体来说可能是一场产品发布会、电子邮件和公司会议等。

Zulily是美国一家母婴用品团购网站，目前估值已经高达10亿美元。Zulily的CEO Darrell Cavens每天早上6点准时开始工作，他在手机上设置了闹钟，提醒他在今天内将要做的事情。在接受采访时，他说:“我晚上睡前常规要做的事情就是通过手机预览第二天早上将要销售的产品是否是符合网站要求的，在早上起来后可能还要再检查一遍。”

早起安排一整天的事项可以避免太多的计划打乱自己的工作节奏。面对互联网的高强度和快节奏，大部分人都会在脑海里同时规划很多事情，并希望可以尽早完成所有的事情，但这对于所有人都只能是一个奢望，人们无法在很短的时间内完成如此之多的事情。

所以尽早安排工作的优先级，可以保证重要的事情被排在第一顺位，其他的事情按照轻重缓急逐个完成，大大减轻工作的焦虑感。

如果你并不习惯在一大早就把所有的事情都安排好，也用不着慌张。其实，如果你仔细观察在工作中遇到的同事，有一类人整天忙得颠三倒四，似乎在每个会议室都能看到他的身影，但很奇怪的是，这类人的工作产出并不是太高，往往一天忙下来，该是多少事情，还是多少事情。

反而是另外一类人，从头到尾都稳坐钓鱼台，淡定地把每项工作都梳理得非常清楚，下班的时候简单做完工作梳理就可以回家了。

二者的差别就是在于是否采用了统筹工作的方法。我们可以用一个日常生活中“泡茶”的问题来说明统筹工作法的优势，假设洗水壶需要2分钟，洗茶杯3分钟，取茶叶2分钟，烧开水15分钟，沏茶1分钟，如果不加以统筹计划，可能花费的总时间是2+3+2+15+1=23分钟。

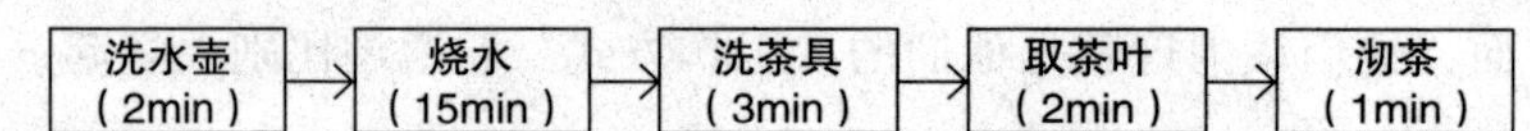

但如果把事情按照轻重缓急逐个完成时，花费的时间则是2+15+1=18分钟。

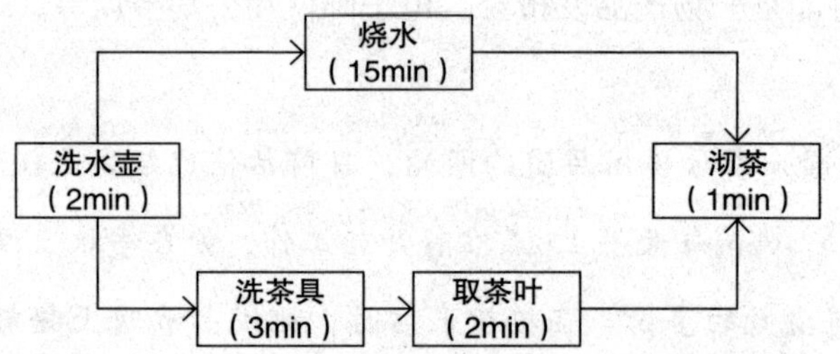

上文中Darrell Cavens所采取的工作方式就是典型的统筹式工作方法，在早上确定任务清单之后，会随着工作的进度不断地增加、删除和修改，确保重要的事情排在第一位，而不那么重要的会被排到后面或者第二天。

而看起来很忙却没产出的这类人，则属于典型的应激式工作方法，如同生物学上，膝跳反射是一种最为简单的反射类型一样，这类人只要收到一个任务，就会放下正在进行的工作，而转投向新的工作，这个任务的切换完全没有经过充分的思考，但切换任务却会浪费工作中很长的时间。

那么，统筹式工作方法有哪几个要求呢？

1.形成一套行之有效的作息时间

你可以像Darrell Cavens一样每天早上6点准时开始工作，也可以选择早上8点在地铁公交上梳理接下来一天的工作安排。在哪个时间段完成工作统筹没有具体的要求，只要你不在每天下班的时候才想起来就好。

2.合理分配时间

虽然统筹式工作方法不要求在固定的时间段完成“统筹”这件事情，但我们需要尽量合理分配时间，晨间统筹法选择在早晨精力充沛的时候完成工作安排，在午饭过后集中回复短信和微信，在下班之前完成团队总结，在上下班路上完成微博、朋友圈等个人社交活动。

把自己的时间分配成一整段一整段的时间，就可以避免多段碎片化时间带来的低效率和恐慌感。

3.用便笺记下每天的工作总结

完成统筹工作后，汇总的环节必不可少，否则整个统筹工作法就失去了意义。在过去的一天中，有哪些工作按计划完成，有哪些工作滞后或者陷入停止，有哪些工作给自己带来了新的启发，这些都是需要总结整理的部分。

通过反复操练统筹工作法，最终实现不管任务增加、删除或者修改，都不会影响到自己工作的节奏，保证每天内的工作都可以按时完成。

10.拿来主义，避免重复“造轮子”

朋友圈流传过一篇爆文《有一种焦虑叫作三十不立》：任何工作其实都是在重复，区别在于重复的势能不同；一类是简单机械地重复，技术含量不高，比如一些体力活，或者专业要求不高的脑力活。去年、今年和明年所做的事情都一样，眼界、能力、素质并不增长，或增长太慢。

很多职场人都对这句话表示非常认同，因为重复几乎是所有职场新人都会遇到的工作状态，它考验你的耐心；但你又往往不甘心重复，因为很多重复性的事没那么多价值，而你在日复一日的重复中进步缓慢，还消耗了你大把时间，你又十分焦虑。

我曾经帮公司面试过一些应届生，当问到他们为什么选择互联网运营岗时，他们的理由是：因为运营是个很有趣的岗位呀，每天都可以接触到不一样的活动和内容。

实际情况是怎样的呢?

内容运营可能每天做的事情就是上传图片、编辑文本，繁重而且看起来很没有意思。

活动运营可能每天做的事情就是各种打电话给用户，千方百计地从用户反馈中找寻信息，然后再跟技术要各种数据表格，做久了之后，连你自己都觉得像居委会大妈。

至于所期待的新鲜感，可能保质期就只有刚入职的第一周。

如果这些重复性的工作无法避免，至少我们可以尽量减少类似的重复性工作，至少可以让我们的工作效率上一个台阶。

我们称为：不要重复造轮子（Stop Trying to Reinvent the Wheel）。

“造轮子”这个词最早来源于互联网研发人员，不要重复造轮子就是说，尽量使用现有的成熟技术，不要自己从头实现一遍。

在实际工作生活中，如何做到不要重复造轮子呢？

1.集中处理同质任务

将同类型的工作任务集中在同一个时间段内完成，避免切换任务所浪费的时间。如果不同的部门或同事都要求你出具数据或者PPT稿件，可以将此类的工作放在一起处理。避免现在整理数据，待会儿又去做PPT稿件，统一规划工作内容和节奏可以有效地避免“重复造轮子”。

2.善于借鉴前人成果

如果重复性的工作无法避免，那么我们更要善于借鉴已有的经验结论，或者直接转交给有经验的人去做。

比如你从来没有做过用户调研，那么可以先看看之前的用户调研报告，或者让之前的同事面授机宜。

比如你需要汇报行业竞品和发展状况，比起从头开始收集数据和分析情况，去艾瑞咨询等专业行研报告的机构可以迅速得到答案。

比如你有自己的助手或者实习生，那么可以让他们去处理一些日常的重复性工作。

这些都是重复性的工作，如果采用以上的方法，就可以大大减轻自己的工作负担。

3.简化信息源，保证高效输入

拿近年来异常火爆的今日头条举个反例，在自媒体兴起之后，一篇新闻稿可能会被多个自媒体转载，在大数据推荐机制下，用户接受的信息会被大大地限制在某一个行业和类目。比如你经常浏览娱乐新闻，那么今日头条就默认推送娱乐类的新闻给你；如果你经常浏览科技新闻，那么推送的内容就变成了科技类新闻。当一个稿件被转载和改编了N遍后，还是会推送到你的手机上，在不经意间获取了过多的重复信息。

那么，如何让信息输入更加高效呢？精简各类信息源，留下最重要的信息。

4.精简报告邮件，保持简洁输出

不管当面沟通还是邮件交流，最怕的情况是什么？

我们跟他谈A，人家跟你谈B，我们跟他谈B，人家跟你谈C，沟通始终没有焦点，双方不但心力交瘁，而且效率非常低下，很多话都是翻来覆去说很多遍，始终没有落到重点上。

写报告和邮件也是这样，能在5句话内说完的事情，一定不要扩展到6句话，让对方尽快得到邮件的重点并领会意思。

5.拒绝多线程工作

1508年，教皇朱利奥二世要求米开朗琪罗为梵蒂冈西斯廷教堂绘制穹顶画。历时4年零5个月，米开朗琪罗完成了艺术史上空前绝后的传世巨作穹顶画《创世记》。在4年零5个月的时间里，因为要完成穹顶的作品，米开朗琪罗很长时间都处于仰头的状态，以至于脖颈僵硬。

那为何米开朗琪罗不在四周的墙壁上作画呢？

高效工作的一个重要原则就是“停止多线程任务处理，避免混淆重心，尽快将无用信息从任务中分离出来”。

可现实却是残酷的：琐事、杂事、急事有时会一股脑儿地涌过来，即使是已经做过的重复工作，依然让你在信息洪流中身不由己，无法抗拒。

如果你想要避免把时间浪费在这些重复性的工作上，就尽量避免多线程同时工作。你可以先做自认为最重要的事情，或者可以利用一些时间做出一个任务列表，并标注每一个任务的紧迫性和时间优先级，然后将这一列表同步给需要协同工作的其他同事，以便让他们有足够的时间参与协商和解决矛盾。

通过这种方式把自己从众多任务的压力中解放出来，并从中选择紧迫性和时间优先级排在前面的任务进行处理。

当你按照以上五条原则开展工作时，你会发现，虽然重复性的工作还会出现，但你已经找到了解决它的方法。

（1）如果无法减少重复性工作的量，你就要思考如何提高工作效率。

同样是做Excel表格，有的人每天都在重复复制粘贴的工作，有的人却在一开始写好了公式，之后每天只需要填入基础数据就可以自动生成。

（2）如果重复性的工作让你感到无聊和烦躁，你就要思考一下是不是自己把本来有趣的工作做得很无聊。

同样是办一场行业沙龙，嘉宾的出场亮相是否足够吸引人，活动的环节是否有趣，这些工作看起来很无聊，但只要肯下功夫开脑洞，每年的行业沙龙都可以有不一样的展现形式。

（3）如果重复性的工作限制了你个人的发展空间，你就要思考一下是不是自己不适合这样的工作。

同样是做电话销售，有的人每天只是重复地拨打电话，连说话的语调都不会变；而有的电话销售，不仅针对不同的客户选择不同的话术，也通过电话销售建立起自己的用户网络，即使换一家公司之后，这些积累的资源依然可以复用。

（4）如果说重复性工作注定无法避免，通过在工作中的思考，至少可以让这些重复性工作显得没有那么重复和烦琐。

我在日常工作中见过不少刚进入职场的年轻人，他们刚开始的工作方式完全是重复性和应激性的，在完成这些重复性任务时，我能感受到他们对重复任务的抗拒和对思维定式的反省，但这其中只有一小部分可以从这种“重复造轮子”的困境中挣脱出来。

工作并不仅仅是体力和脑力的付出，更是思维方式和工作技巧的精进，如果你觉得自己现在的工作正处于一个“造轮子”的困境中，不妨试试上面提到的工作方法。

11.实用主义，深挖解决方案

联合利华引进了一条香皂包装生产线，结果发现这条生产线有个缺陷：常常会有盒子里没装入香皂。联合利华请了一个学自动化的博士后，组织了一个十几人的科研攻关小组，采用了机械、微电子、自动化、X射线探测等技术，最终解决了问题。每当生产线上有空香皂盒通过，两旁的探测器会检测到，并且驱动一只机械手把空皂盒推走。

中国南方有个乡镇企业也买了同样的生产线，对于这个问题，厂里的工人发明了一种“风扇鉴别法”，在生产线上安装大功率的风扇，对着传输带吹。如果盒子里没有毛绒玩具，这些空盒子就会被吹下。一台可以调节风速的风扇节省了三位工人的工资支出，减去一年的风扇电费，反而帮厂里节省开支十几万元。

这两种方法都没有错。对于自动装箱、生产批量很大、生产工艺严格的联合利华来说，全自动的机械解决方案可以保证整个生产过程无人操作。

而对于人工成本低、生产批量小的乡镇工厂来说，一台高功率的风扇可以帮助他们更快地解决空箱问题，并降低生产过程中的成本。

人类做任何事情都是为了解决某种问题，有时是满足自身的需求，有时是满足他人的需求。这种专注于解决问题的思考方式被称为实用主义，它的目标就是尽可能完美、高效地解决具体的问题。几乎人类社会中所有重大发明都是为了解决问题而诞生的，电灯泡为了解决人类在光线不足时的照明问题，电话为了解决人类远距离的沟通问题。

在电视剧《亮剑》中，八路军军长李云龙是“野路子”出身，对于军事理论的研究不够深入，他的作战经验都是在战场上通过不断地磨炼验证总结出来的，属于典型的实用主义。

而与实用主义相反的则是理想主义，理想主义讲究的是章法和论证，出身于黄埔军校的楚云飞在军事理论方面的造诣远高于李云龙，但也正是这些军事理论禁锢了楚云飞的思考能力，他认为从理论上无法匹敌日本军队，因此不去尝试作战的可能性。

这绝对不是说实用主义是毫无根据和荒谬的，实用主义是基于理性科学的思考方式，理性科学支持的东西，才会被实用主义所接受。

在日常生活工作中也是一样的道理，当你在内心作了无数次假设和推演，也有可能面临一无所得的结果。

所有基于理论的推演假设都是为了解决问题而出现的，所以在解决问题的过程中发现错误之后，要立刻根据现实进行进一步调整，而并非根据理论去拒绝现实。

你所面临的问题就是事实，它包括了现在和过去发生的事情，以一种无法解释的表面现象展示在我们面前，而我们所要做的就是剥开问题的表面，发现它内在所包含的客观事实。

而现实问题注定是各种各样的，如同上文中所说的“空盒子”，谁都不知道标准的生产线为何避免不了“空盒子”的出现。但基于这个现实，我们所需要做的就是尽快解决它，实用主义提倡从以下几个方面寻求解决方案。

1.亲临现场解决出现的问题

丰田汽车的创始人丰田喜一郎有一次巡视工厂的时候，看到一名员工抱怨他的研磨机不运转了，丰田喜一郎卷起自己的衣袖，伸进油底盘捞出两手满满的沉淀物往地板上一丢，说道："你不把你的手弄脏，如何能把工作做好？"

在丰田公司内部有一条工作原则是"亲临现场，现地现物"，意思是"亲自到现场查看以了解实际情况"，要解决问题的第一步就是去实际现场调查问题的展现形式。

善于解决问题的人一定有弯下腰做事的责任心，像上文中抱怨研磨机不运转的员工，他都没有真正地去发现问题是什么，更不可能去解决这些问题了。

要解决问题，就要亲临现场，只有在问题发生的第一现场，才能通过微小的变化发现问题所在，如果待在办公室里遥控他人解决问题，做事的效率就大打折扣了。

2.尝试多种手段，不以常规方式思考问题

遇到难以解决的问题，尝试从新的角度去解决问题，如果你发现以常规的思路已经无法应对出现的问题，那么果断抛弃之前的想法吧。

美国阿拉斯加涅利钦地区的自然保护区内，原先人们为了保护鹿而把当地的狼消灭了，于是鹿没有了天敌，终日无忧无虑地饱食于林中。十几年后，鹿群由四百只发展到四万只。

然而由于鹿的数量剧增，当地的植物也因鹿的迅速繁殖和践踏而凋零了。而鹿由于缺乏充分的食物和运动量，体质逐渐衰弱，因此大批死亡。

为了使鹿群健壮起来，当地的工作人员并没有给鹿提供更多的食物，而是把狼作为医生请到自然保护区。因为狼的到来，鹿群跑动得更勤快，保护区恢复了昔日的勃勃生机。

这就是一种典型的逆向思维，它是一种从问题的对立面提出解决办法和思索问题的思维过程，完全悖逆了常规的思维方法，所以，它提出和解决问题的方式令人耳目一新，具有很突出的新奇性，但在很多时候又可以很快地解决问题。

当你遇到以常规思路已经无法解决的问题时，不妨试试更多维度的思考方式，可能会给你带来更多解决问题的角度。

3.集思广益，以他山之石攻玉

相信上文中提出以大功率风扇解决“空盒子”问题的人一定不是厂长本人，多从长期接触业务的一线工作人员那里吸取意见，要比自己闭门造车有效率得多。

现实问题总是复杂的，表现出来的面貌也是五花八门，有时甚至让人“想不通”，找不到逻辑和规律，如果遇到这种情况，“想当然”必定会出现错误，这个时候，我们就必须探寻事实的本源。无论事实是什么样子，即使与我们的设想大相径庭，都必须尊重它，否则我们的决策只会是虚幻一场。

12.结果思维是优秀与平庸的分水岭

工作中经常会出现临时任务的突发情况，假如你的老板在下班前交给你一项紧急的任务，要求第二天一大早完成，但有一部分数据缺失不全，这个时候应该怎么办?

大部分人会选择自己回家之后竭尽全力补齐数据，第二天顶着两个黑眼圈去向老板汇报。

另外一部分人呢，则会选择放弃这部分数据，第二天交差的时候向老板现场说明，但这样一来，就属于没有完成这项任务。

而优秀的人会首先判断这项任务的目的，判断这项任务中是否需要这些数据，如果这部分数据作用很大，则需要想办法跟领导要到这些数据，以确保任务的有效完成。

瞄准结果，而不是漫无目的地去工作，这就是结果思维导向下的两种不同的工作方式。

结果导向（Result-driven）的思维方式是职场高效率人士所必备的素质，比起过程来，这部分人更加关注做什么才可以更快地达到结果，然后保证工作结束时达成最终目的，而不被所规定的任务所束缚。

初入职场的人往往会陷入大而全的空洞概念，想尽办法去了解行业，了解客户，了解人性。

可以很负责任地告诉你，与其把注意力放在这些概念上，不如集中精力想一想自己究竟是为了什么。

如果你的目的是尽快从客户处获取订单，那么你要做的就是尽快确定客户的需求，并进行可行性、工期和预算的工作，最终与客户达成订单的一致意见。

如果不把精力放在具体的结果上，那最终的结果就是：说起大道理头头是道，却没有做成一事。

结果思维（Result thinking）从己及人，由低到高，可以从三个阶段进行训练。

第一个阶段称为流程思维（Process thinking），按照标准的流程就可以达成最终的目的，因此又被称为“九段秘书”思维。秘书在安排一次工作会议时，要做到发通知、抓落实、重检查、勤准备、细准备、做记录、定责任、追结果、做流程这九个标准化会议流程，自然而然地就可以达到召开会议的目的。

1段	2段	3段	4段	5段	6段	7段	8段	9段
发通知	抓落实	重检查	勤准备	细准备	做记录	定责任	追结果	做流程
用电子邮件发送会议通知，并准备相关的会议用品	再次电话确认与会人员可以按时参加，确保到会时间和人数	会议开始之前30分钟提醒与会人员，对于无法参加会议的成员，及时汇报领导，并确认是否需要等待缺席人员	确认会议室的投影仪、电脑等设备是否正常工作，并在会议室门口的时间表上完成时间预约	了解会议主题、会议内容及领导议题等，并将信息同步给与会人员	在会议过程中做好会议记录，并在会后将会议记录同步给所有与会人员	将会议上确定的工作安排与内容落实到对应责任人，并与对应责任人确认形成会议备忘录	定期跟进各项任务的实际完成情况，并根据会议备忘录向领导汇报	将以上8段过程形成标准版的会议流程，在部门内部贯彻实施

“九段秘书”思维

第二个阶段称为底线思维（Bottom－line thinking），即使按照流程思维进行工作，也需考虑到实际工作中可能出现的各种风险，并预估最坏情况下所应该采取的策略。

2017年，上海街头出现了“无人面馆”的机器，不到一分钟就可以等到机器煮好面条，然后打包带走。

立式的“无人面馆”外形与无人鲜榨果汁机比较类似，通过手机支付就能进入面条制作程序，完成后由顾客自取筷子、勺子等餐具后带走。尤其吸引人的是它的性价比，每碗不到10元。

但仅过了半月，这种无人面馆的机器就被监管部门叫停。

如果你是无人面馆的经营者，你会怎么做？

其实在进入无人面馆领域的时候，就应该意识到“无人面馆”和无人鲜榨果汁机有很多不同之处，如果无法通过监管部门的审核和食品安全风险评估，势必无法进入市场。

所以最坏的情况就是无法面市，但作为一种新兴业务，短期之内还无法出现其他的竞争者，可以给经营者一定的时间来通过监管部门的审核，因此从底线思维的角度来说，眼下的叫停并不能对无人面馆形成毁灭性的打击。

第三阶段是外包思维（Outsourcing thinking）。

在实际工作中，经常在项目最紧急的时候，外包公司就会出来救场，只要给了足够的预算金额，外包不会讲抱怨、不会讲条件，直接会把最好的结果给甲方。

博彦科技成立于1995年，是一家致力于IT服务外包的高科技企业，于2012年1月6日在深交所上市。其刚创立时只有4个人，从微软公司拿到的第一单不到10万元，但很快就接到了Windows95、WindowsNT、Exchange等软件本地化和测试项目。

随着博彦科技提供的解决方案的复杂化，现已与微软、SAP、T-systems、淘宝等众多国际和国内的顶尖企业结成了战略合作伙伴关系，由“卖人头”模式转向解决方案模式转变，由成本领先型向价值导向型转变。

微软为什么会选择博彦合作？最根本的原因在于微软为节省成本，把业务从美国拿到中国来做，可以保质保量又可以节约人力成本。

有了微软的合作做背书，博彦随后接到了更多的外包项目，从几个人发展到3000多人，年复合自然增长率达到70%，惠普、IBM、索尼、雅虎、SUN、英特尔等都成为其客户。

博彦这种做外包的工作思维就是结果思维的集中体现。

在实际工作中，良好的态度不是结果，完成任务也不等于结果，给自己找理由更不是结果，只有通过流程思维、底线思维和外包思维来验证自己的工作内容，才能让自己从平庸走向优秀。

第四章

超越平庸？你需要更聪明地分析问题

工作是一门艺术，聪明的人应当掌握分析问题的方法，而不是机械化地盲目干活。很多问题之所以没有解决，不是因为我们不够勤奋，而是因为没有学会使用专业的思维方式进行问题分析。

13.庖丁解牛，做工作的架构师

庖丁解牛的故事大家都听说过，在面对一整头牛时如何处理，换作常人根本不知道如何下手，那为何庖丁可以处理得这么得心应手呢？

很多时候，我们无法解决的问题，并不是这个问题本身无法达成，而是它包括了太多的内部因素和外部干扰，显得异常复杂和难以下手。

知乎上有一个热门问题：为什么有些还算优秀的男生却找不到女朋友？

题主身高181cm，体重73kg，样子还是不错的，21岁，家里也有几处楼房，刚毕业，因为不是很缺钱，所以努力在创业中。不知道问题出在哪里。

找男/女朋友这件事情对于任何单身人士都是一个异常困难的问题，这个问题本身并非无法解决，只不过现在还处于没有分解的状态，我们需要进行层层的剖析，直到将它分解为一个个单一的“元问题”。（元是数学的基本概念之一，研究问题中某种独立的对象称为“元”）

找不到男/女朋友有很多原因，我们可以从内外两个方面来拆解这个问题。

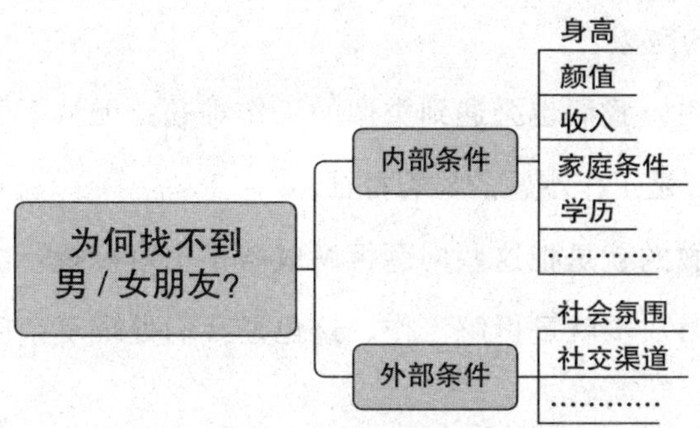

问题拆解：为何找不到男/女朋友？

内部原因主要是指自身条件，包括身高、颜值、收入、学历、家庭条件、兴趣爱好等，这其中的每一个自身条件都是一个“元问题”。

外部条件主要是指自身之外的社会环境，包括社会氛围，是否鼓励异性之间进行交往；还有社交途径，是否有足够的渠道去认识异性好友。

当问题被拆解成一个个单一的“元问题”时，你就可以对症下药进行分析和处理了。

在内部条件方面，比如兴趣爱好是不利条件，你需要考虑自己宅在家里看韩剧肥皂剧的兴趣是否符合当代女性的审美；比如学历是不利条件，你需要考虑是否通过在职学历等途径来提升一下自己的学历。

在外部条件方面，如果缺少与异性社交的途径，你需要考虑多参加一些舞会沙龙和集体活动，甚至多了解陌陌、探探等社交软件。

这样，把“找不到男/女朋友”这个复杂的问题分解为一个个元问题的时候，就可以有针对性地解决一个个元问题，最终解决那个你无法搞定的大问题。

拆解问题需要达成的两个主要目的是：

（1）结构性

通过穷尽的拆分，将原来的问题拆分成很多个小问题，确保这个过程中结构的合理性和内容的无遗漏，进而确保元问题的出发点是正确无误的。

（2）可执行性

拆分问题只是解决问题的第一步，拆分完成的元问题需要具备可执行性，而不是漫无边际的空想。

在日常工作中，我们也会遇到类似的工作难题：无从下手、命题过大、笼统模糊……这些都是工作难题的显著特征。

而我们需要做的就是把这些问题拆解成若干个可以执行的小任务。换而言之，开展工作的第一步就是拆解工作，这也是我们处理复杂问题必须掌握的基本思维。

在具体工作中，又如何进行问题拆解呢？我曾经帮助某产品运营团队做过电商运营问题的拆解，针对“用户成单率低”这个问题，从以下几个方面进行了问题拆解。

1.结合四象限法则来拆分问题

庖丁解牛时，也会选择按照放血、去毛、去内脏等步骤来完成，在整个杀牛过程中，按照问题的重要程度和紧急程度，又有具体的细分。

实际工作中，我们可以结合四象限法则来定义拆分问题的优先级，**把要解决的问题以“紧急”和“重要”两个维度，按照紧急、不紧急、重要、不重要的排列组合分成四个象限。**

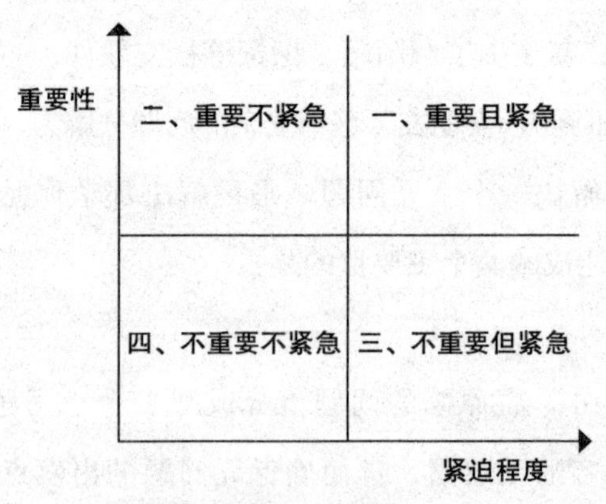

四象限法则

第一象限是一些重要而紧急的问题，这一类的问题具有时间的紧迫性和影响的重要性，无法回避也不能拖延，必须首先处理，优先解决。

第二象限重要但不紧急，这一象限的问题需要我们腾出来一定量的时间进行系统性地解决。

第三象限不重要但很紧急，这一象限的事件具有很大的欺骗性。很多人认识上有误区，认为紧急的问题都显得重要，实际上，像无谓的电话、附和别人期望的事、打麻将三缺一等事件都并不重要。这些不重要的事件往往因为它紧急，就会占据人们的很多宝贵时间。

第四象限不重要也不紧急，大多是些琐碎的杂事，没有时间的紧迫性，没有任何的重要性，上网、聊天或者逛街都属于第四象限。

举个例子，老板看到市场上O2O的项目做得非常不错，想通过这种方式来打开市场获得盈利，这样的问题又该如何分解呢？

按照四象限法则，首先应该拆分的是重要且紧急的问题，比如是否有政策上的相关规定会直接影响到市场的开拓。

重要但不紧急的问题包括用户的付费意愿是否足够高，用户关注的商品类目包括哪些等，这些问题对于公司盈利非常重要，但需要在之后的运营过程中慢慢进行验证，所以属于不紧急的问题。

紧急但不重要的问题也会有很多，比如目前的团队是否可以支撑市场规模的扩张等，在第一时间解决紧急但不重要的问题，以方便老板作出下一步的决策。

至于不紧急且不重要的问题则不在拆分问题的范围之内。

按照四象限法则对问题进行大方向的拆分之后，你会发现原来模糊笼统的问题开始有了比较清晰的眉目，此时我们再在需要拆分问题的三个象限内分别进行问题细化和拆解。

2.善用流程图和漏斗图，梳理问题关键点

第一步，列出电商用户下单的流程图，以常见的电商购物场景为例，一般用户下单的流程分为这几步：浏览商品列表—浏览商品详情—下单—选择付款方式—付款成功。

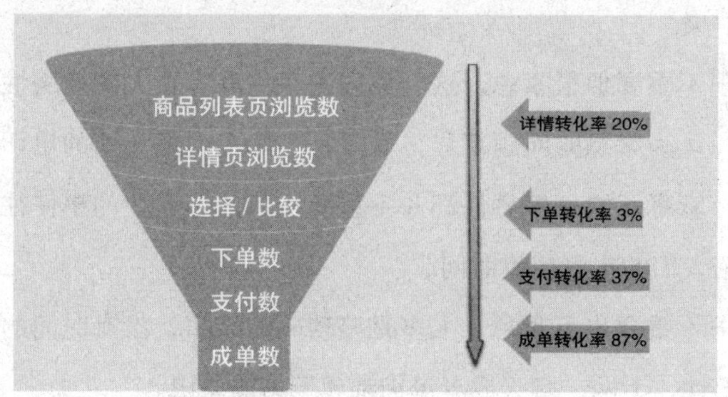

漏斗分析图

第二步，注明关键流程的转化率，并与行业内部的平均转化率进行对比。

第三步，定位元问题所在，并结合实际业务进行问题分析。

经过行业内转化率的横向对比，可以看到，在上图中，转化率较低的两个环节主要集中在“详情转化率”和“下单转化率”。

前者指用户在完成商品详情页的浏览后选择了离开而并非下单，那么，用户既然已经被商品列表中的商品标题和价格吸引进来，为何选择离开呢？很大概率的问题出在商品描述不够吸引用户上。

后者指用户在选择下单后却没有支付，这一点就更加奇怪了，都已经走到了支付环节，却没有最终完成付款。经过分析，我们发现当时由于工作安排，手机端暂时只开通了支付宝一种支付方式，而没有微信支付，这很可能是支付成功率较低的原因。

通过流程图和漏斗图，一目了然地明白整个购物过程中成单率较低的原因，果然，在后期通过调整文案风格并增加微信支付后，成单率获得了整体上升。

3.找到元问题背后的原因

在上文中，我们已经简单描述了将一个复杂问题拆分为很多元问题的过程，那么在实际工作中是否具备可执行性呢？

在使用漏斗图解决了“用户成单率低”这个问题后，老板主要关心的问题还是毛利率的问题，那么如何解决“毛利率偏低”这个问题呢？

我们可以将毛利率偏低的背后原因一一罗列出来：

销售毛利率＝（产品销售数量×产品单价－销售成本）/产品销售数量×产品单价。

通过提高用户成单率，可以一定程度上增加产品销售数量，那么在产品单价和销售成本上，是否还可以有所改进呢？

这其中又会涉及提高产品单价带来的销售数量下降，或者降低销售成本带来的产品质量下降，这些都需要在具体问题中进行分析。

通过以上三个步骤，把最开始一个比较大的宏观的问题拆解成一个个可以执行的元问题，将这些不难解决的元问题解决之后，老板交给你的大问题也就迎刃而解了。

14.矩阵思维：快速地对问题进行切割

梅森·卡里在《日常习惯：艺术家们的工作方式》一书中介绍了古往今来的画家、作家、作曲家、哲学家、科学家以及优秀的思想家等161人的日程安排。根据这些日程安排我们可以知道，所有历史上的名人都会把自己每天的时间安排得满满当当，他们对于时间管理的理解非常一致：善用矩阵思维，把有效的时间切割成不同大小的方块，无论面对什么样的变化，只需要将这些方块进行重新的排列组合，始终处于推进工作的进程中，而不会出现空档期。

英国作家安东尼·特罗洛普每天只写作3个小时，但他要求自己15分钟内必须写出250个单词。此外，如果在3小时结束前完成了正在创作的作品，他马上会开始创作新的小说。

美国心理学家B.F.斯金纳会用定时器来管理写作时间，将所用的时间和写作的字数表格化。

很多人在每年的一开始，都会雄心壮志地列出来一整年的计划，先来看看大家一般都是怎么做的吧。

（1）一张总清单是少不了的，它会列出来今年要做的每一件事情。

（2）接下来是季度清单，上面会列出来每个季度大致要完成的事情。

（3）月度清单则会保持一个动态平衡的状态，会根据问题的变化而变化。

（4）周清单和次日清单则会以更细的颗粒度列出工作内容。

这种“列清单”的工作方法有错吗?

没错!

它可以帮助我们在最短时间内梳理长期和短期的工作计划，但遗憾的是，这张年度计划的保质期一般来说不会超过一个月就会被丢到一边去，然后继续陷入因为工作安排不当而带来的无尽苦恼中。

那顺利地贯彻一份工作计划有哪些窍门呢?

1.少吃多餐，把你的工作切割成独立的小方块

并不是每个人都可以像村上春树或伏尔泰一样有一段完整的时间可以投入到工作中，我们中的大部分人都在面对不断变化的工作安排和时间规划。

所以尽量将手头的工作切割成独立的工作步骤，我将其称为“工作小方块”。有这些小方块指导我们工作，我们不需要有一个完整的上午，而是可以通过很多碎片时间来完成工作。

朱自清在《匆匆》一文中写道：洗手的时候，日子从水盆里过去；吃饭的时候，日子从饭碗里过去；默默时，便从凝然的双眼前过去。

那么，准备去吃午饭的15分钟、午饭到下午正式开始工作的30分钟、下班前心不在焉的30分钟……这些碎片时间都是我们可以用于解决“工作小方块”的时候。

只要可以合理地切割所遇到的问题，并善于利用工作切换过程中的间隙时间，一个庞大的工作也可以被一点一点地蚕食殆尽。

2.设置时间节点，防止慢生活变成拖延症

最近在年轻人群体中流行的一种生活态度叫“慢生活”，甚至在此基础上衍生出了“佛系生活”等一系列概念。但慢生活与拖延症还是有本质上的区

别，慢生活是在问题与问题之间不慌不忙地切换，而不是在一个问题中无止境地拖延下去。

相信你身边肯定有这样的人：

上学迟到被罚站，上班迟到被扣钱。

面试迟到被婉拒，约会迟到注孤生。

不设定时间的“慢”只能导致慌乱。

现在回头看一下上文中提到的英国作家安东尼·特罗洛普，他对于自己的工作要求就是：250个单词的写作时间必须控制在15分钟内。

按照拖延症的工作方式，为了这250个单词，前期需要查阅无数的资料，后期需要与同事讨论完善，这其中任何一项工作都可以无休止地拖延下去，进而造成deadline（截止日期）来临的时候，还没有一项完全达成的工作。

因此，在处理日常问题时，一定要有“时间节点”的概念：到了既定的时间节点，不管问题有没有完全解决，都立刻停止。比如会议纪要的整理大概需要半小时，或者领导要求半小时之后提交，那么就必须在这半小时的时间节点达到最好的效果，而不会反复修改，一直到最后领导催问的时候。

按照工作内容的多寡，可以按周或者按天进行时间节点的划分，在每个时间节点内都以最高的标准来要求自己，才能真正体会慢生活中切换任务的不慌不忙。

3.循规蹈矩并不完全是一件坏事

解决问题不仅需要学会安排时间，而且需要更加高效地执行，也就是所谓的“会干活”，这个时候工作流程的重要性就体现出来了。

大家在工作中都接触过工作流程，往往也是按照既定的工作流程开展工作。但是，工作时间久了，会把流程当作自以为是的步骤，想当然地去执行流程，这就会给工作带来隐患。

实际上，流程并不局限于公司的规章制度，在处理任何一项工作时，所需要遵循的工作步骤都可以归之于“流程”，这些流程可能是你之前处理问题总结出来的经验，也可能是其他同事分享给你的捷径。但只要可以保证按照这些“流程”一步步地往下做，肯定可以达到目标，这就是一份好的流程。

一份好的流程可以让你在最短的时间内厘清工作中的关键点和大致过程，帮助你预估所需要投入的人力、物力，并在一定程度上缓解对于问题的焦虑感。

4.断舍离，去掉那些不必要的存在

2005年成立的豆瓣已进入第十二个年头，因为坚持特立独行的风格，曾被媒体贴上“慢公司”标签。这种慢，体现在公司规模增长、产品业务、商业化以及融资上。同期成立的网站中，大众点评与美团合并后成了超级独角兽；搜狗在引入腾讯投资后高速发展，前几天宣布将赴美IPO（首次公开募股）。

豆瓣创始人的阿北曾经这样界定未来的豆瓣：“我们可能不是最最专业的美食网站，可能也不是最最专业的服装网站，但我们一定是最大的泛兴趣网站。”

即使是这样的阿北，也会感觉到多线作战的力不从心。2017年，豆瓣关闭了一拍一、豆瓣东西、同城票务交易和一刻在内的多个产品，其中一拍一是女性摄影O2O服务平台、豆瓣东西是导购社区、一刻是豆瓣站内内容输出APP。在豆瓣成立十二年以来如此大刀阔斧地砍业务，还是第一次。

豆瓣官方的回应是：

“豆瓣内部在进行业务的调整，我们会关闭一些长期没有起色或在小规模营收的产品和业务，包括一拍一、豆瓣东西、同城票务交易和一刻。整个团队会更聚焦在核心的业务上。产品线主要是基于豆瓣APP和用户内容的扩展；商业线主要是广告、豆瓣时间和豆瓣市集。”

在完成“工作小方块”的切割，并按照一定的流程将它们穿起来之后，最后一个流程就是看看这些小方块里有哪些是没有存在意义，是可以删除的。

你的工作时间是有限的，在解决问题的道路上，可以精简的工作环节越多，就可以把更多的时间投入到关键环节上。

以上文中“豆瓣商业变现”的问题为例，知识付费是2017年商业变现的一大趋势，仅付费音频的细分领域就有懒人听书、喜马拉雅FM、罗辑思维、蜻蜓FM等平台，并占据市场大半份额。

要解决豆瓣的商业变现问题，阿北就必须把精力从豆瓣东西、同城票务交易这种半死不活的产品上抽离出来，放在更值得投入的“豆瓣时间”产品上，否则同时处理多个问题的齐头并进极有可能演变为全面溃败。

“断舍离”是日本一位杂物管理大师山下英子经过多年修行和理解总结出的思考方式，近年来深受现代人的推崇和追随，它最初是用于家庭杂物的管理上：

断=对于那些自己不需要的东西不买、不收。

舍=处理掉堆放在家里没用的东西。

离=远离物质的诱惑，放弃对物品的执着，让自己处于宽敞舒适、自由自在的空间。

而在职场中，发挥断舍离的能力，用减法解决问题，不仅可以让问题变得简单，而且可以让你的工作效率大幅度飙升。它主要体现在改变自己的工作内容和工作方式上。保留必要的工作步骤，把解决问题路上的绊脚石搬走，当你所专注的工作集中在极少数的几个问题上时，工作的效率也会大大提高。

打个比方，一些混职场的人喜欢在组织中拉帮结伙，巴结领导，每天眼观六路，耳听八方，把在领导面前刷存在感当成了每日工作的一部分。

领导的心情如何，每天的行程如何安排，每天的会议内容是什么，这些人都要打听得清清楚楚，看起来每天也在办公室里忙工作，但是本职工作却没做什么。

职场中的人际关系是正常工作之外不可或缺的一环，但把过多的时间和精力放在职场人际关系上，本职工作势必会受到影响。

断舍离就是要让我们简化工作之外的其他因素，把更多的时间和精力放在工作效率的提高和工作问题的解决上。

15.分析问题要抓住关键因素

2017年，苹果公司发售iPhone X后，不少手机行业的相关人士都发表了自己对于iPhone X的看法，华为终端公司董事长余承东吐槽iPhone X：

“我今天早晨开始使用X，原先我看发布会的图片，对刘海没有任何反感，更何况我也不是处女座，对外观要求不是很高。但今天早晨用到现在，体验感觉真的挺差的，还是感觉那超宽大刘海太怪异，产品也没有特别之处，左右边框也是挺宽的，后盖相机凸起尺寸太大了，人脸解锁速度有点慢，有时还不太灵，并且还需要再划一下屏才可看屏幕内容。”

“想了好半天，到底有什么卖点，只有一个字贵，尤其在中国，这可能还真是卖点。”

余承东对于苹果手机的吐槽内容，我们不作评论，但是他吐槽的出发点是否得当，我们可以从“关键成功因素分析法”的角度来分析一下，顺便告诉大家在面对挑选手机等物品时应当如何分析问题。

关键成功因素法

关键成功因素法（Critical Success Factors，CSF）是哈佛大学教授William Zani提出的，它是以关键因素为依据来确定系统信息需求的一种管理信息系统总体规划的方法，即在现行系统中，总存在着多个变量影响系统目标的实现，其中若干个因素是关键的和主要的（即成功变量），通过对关键成功因素的识别，找出实现目标所需的关键信息集合，从而确定系统开发的优先次序。

在日常工作中，也存在着很多因素影响一个问题的解决，其中存在若干关键因素，通过解决这些关键因素，从而最有效率地解决整个问题。

1923年，美国福特公司的一台大型电机出现故障，公司请德国机电专家施坦敏茨帮忙。只见他看看转转，写写算算，两天以后，他在电机上部画了一条线，让修理工把画线部位里面的线圈减少16圈，故障很快就排除了。事后，施坦敏茨收取修理费10000美元。他在收款单上写明：用粉笔画一条线，1美元；知道在哪里画线，9999美元。

关键成功因素法按如下四个步骤进行：问题的分解和识别、所有成功因素识别、关键成功因素识别和确定关键成功因素的性能指标或评估标准。

以“如何选择购买手机”为例，这个问题可以分为四个步骤。

（1）明确问题本身，即购买手机的最终目的，是满足娱乐需求、沟通需求还是追逐潮流。

（2）将购买手机的需求归纳为成功要素，即哪些成功要素会影响手机的购买决策。

（3）确定购买手机的关键要素，例如屏幕尺寸、处理器能力、摄像功能、软件更新等；可能还需要考虑到明年新款手机的发布。

（4）识别关键因素的评估标准，并最终得到购买手机的具体参数，用于指导购买手机。

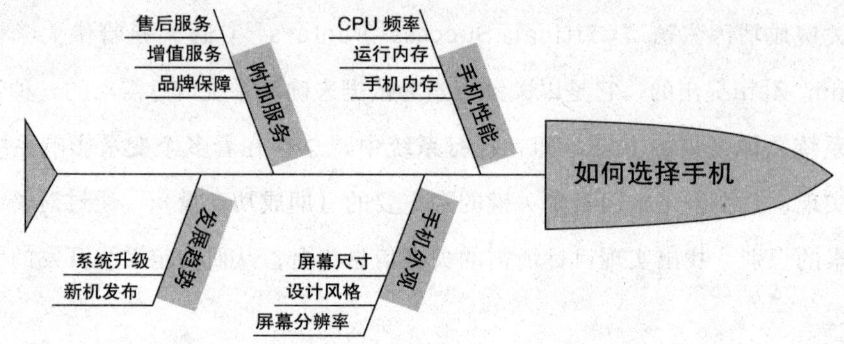

关键因素分析法：如何选择手机？

针对上图中的关键因素，我们又可以通过具体的手机参数进行评价，例如处理器方面，iPhone X和iPhone 8 Plus同样搭载的苹果A11处理器，但是iPhone X上搭载的A11处理器主频更高，所以跑分也会比iPhone 8 Plus要高。

通过选购手机的例子，我们可以得出一个结论：任何问题的解决都有关键因素和不关键因素的区分。关键因素会影响到问题是否能顺利解决，因此，应该先解决此类问题。

很多员工都会抱怨每天的问题层出不穷，而留给自己处理问题的时间又远远不够，事实上，需要花费时间和精力处理的问题可能没有那么多，大部分事情都远远不足以影响事情的发展趋势。如果希望可以完成所有事情的处理，那势必会陷入“事情太多”和“时间太少”的矛盾中无法调和。

加里·凯勒在《最重要的事，只有一件》中指出：时刻记住将主要精力集中在最重要的事情上。将80%的时间集中在最重要的一件事情上，其他事情学会主动忽略。

尽量缩小目标，专注于当下那一件最重要的事，才能够获得成功高效的生活。

因此，在开始一天的工作时，不如先在纸上或者脑中按照事情的重要等级排列一下，把最关键的事情排在最前面，把次要或者可以延后的事情往后排，然后按照这个排序进行工作。

这不仅仅是安排工作的方法，而且是锻炼思维方式的通用方法，那么如何在浩如烟海的因素中快速甄选出那些关键的因素呢？

首先，要从事情的结果反推关键因素。

在确定某个问题的关键因素时，先要确定这个问题是不是自己现阶段所面对的最重要的问题，对自己下一步的工作是不是产生最重要的影响，以及解决这个问题之后是否可以获得最大的价值。

在上文挑选手机的案例中，如果“一个良好的手机生态系统”是你想解决的问题，那么影响这个问题的关键因素就是苹果App Store和各种安卓应用市场的对比，你可能会在二者的安全性、稳定性和下载速度等方面进行二次权衡，并解决这个问题。

其次，从身边的人和事情中确定关键因素。

一般来说，身边的人和事会帮助我们更快地找到一个问题的关键点。

最后，在关键因素上投入最多的时间。

对于列表中排在前面的事情，不仅要在时间排序上排在前列，而且也要在时间分配上排到前列。在解决掉关键因素之后，最显著的成果就是它会给你带来更多的工作价值，即使其他的事情有所延误，你也会感觉到今天的事情没有受到太大影响。

“如何选择购买手机”是生活中常见的问题，这些问题琐碎且麻烦，如果处理不好，可能会浪费我们几个小时甚至更长的时间，但只要确定问题中几个关键的因素，并集中精力消灭它，你会发现这些问题像白纸一样简单。

16.系统思维：先诊断问题，再开处方药

中部电信是美国一家高科技电话应答服务公司，15年来公司艰难前行，老板萨姆·卡彭特也为之忙得焦头烂额。

但自从萨姆·卡彭特以新的思维模式开始思考问题和经营公司之后，他每周工作时间从80小时压缩至仅仅2小时而收入增加20倍。

现在，萨姆·卡彭特的闲暇时间过得轻松惬意，花在阅读、写作、旅行、会友、看电影、爬山、骑车上的时间，远远多于工作。

他认为，宇宙、大自然、飞机、公司、人体、大脑，都是精妙的机器，是精确度高达99.9%的系统，所有系统中，其实包含无数个子系统。但要这所有的子系统有效运转，服务于主系统，必不可少的就是设计一套系统。

萨姆·卡彭特是如何实现这一切的呢？这要归功于他的系统思维。

简单来说，人类的思维方式主要分为以下四种：发散思维、收敛思维、水平思维和系统思维。

发散思维（Divergent Thinking），又称辐射思维、放射思维、扩散思维或求异思维，是指大脑在思维时呈现的一种扩散状态的思维模式，它表现为思维视野广阔，思维呈现出多维发散状。在遇到问题的时候，向不同方向寻求解

决问题的办法，如“一题多解”“一事多写”“一物多用”等方式。

收敛思维（Convergent Thinking），又称聚合思维或集中思维，它要求思维始终集中于同一方向，使思维条理化、简明化、逻辑化、规律化。它与发散思维并不存在优劣之分，在分析不同的问题时，收敛思维和发散思维各有不同的用途。

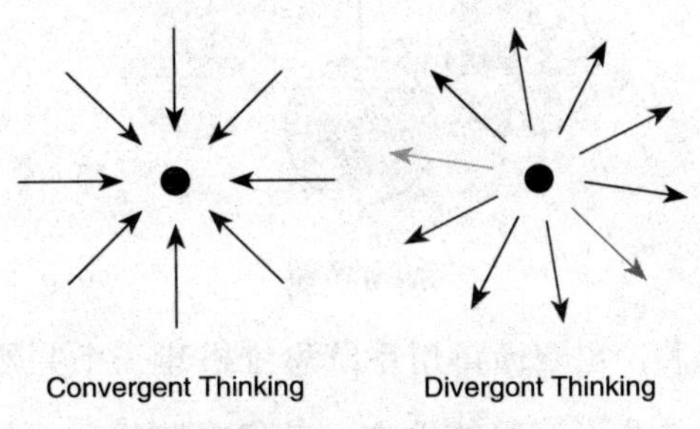

收敛思维与发散思维

水平思维（Lateral Thinking），又称横向思维，它的优势在于拓宽思考问题的维度。比如在买手机这个问题上，大部分人会直接进入问题，并最终得到买哪款手机的答案。而从水平思维的角度出发，则会思考买手机的目的是什么，买手机可以带来哪些好处，买手机对于近期和远期的生活有什么影响，是否有其他的替代方案。

系统思维（Systematic Thinking），被称为人类迄今为止最高级的思维模式，它是把认识对象作为系统，从系统和要素、要素和要素、系统和环境的相互联系与作用中综合地考察认识对象的一种思维方法，它可以极大地简化人们对事物的认知，给我们带来整体观。

在日常工作中，每个公司为了实现一定的目标，都会有一系列的系统，采购系统、财务系统、业务系统、运营系统。可以说，整个公司的运转都离不开这些系统。在这些系统的统一调配下，公司的员工才会有高效的工作和结果。

甚至你所用的电脑和智能手机也都是一个完整的系统，我们通过支付宝满足购物需求，通过各种外卖APP满足饮食需求，通过健身APP满足运动需求，这些都是在智能手机这个整体系统下进行工作的。

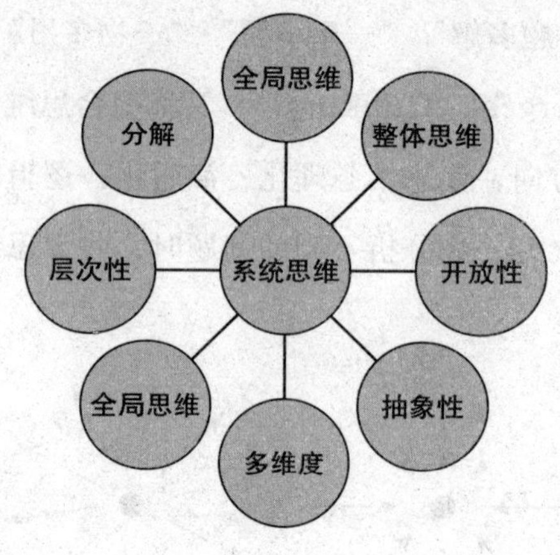

系统思维

作为一个优秀的人，也要懂得用系统思维搭建一个井然有序的自我，这个“自我”里可能存在一些不完善的地方，就像电脑操作系统偶尔会出bug（漏洞）一样，但总体会处于良好的秩序，并帮助我们在遇到问题的时候及时地进行反馈跟踪和处理。

系统思维主要包括四个要点：

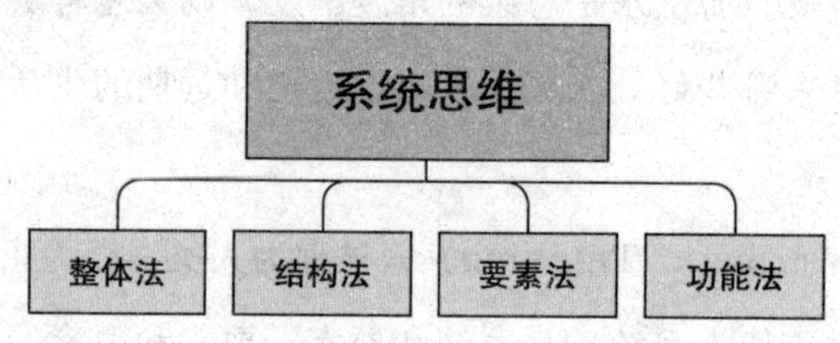

系统思维的四个要点

（1）整体法

整体法是在分析和处理问题的过程中，始终从整体来考虑，把整体放在第一位，而不是让任何部分的东西凌驾于整体之上。

整体法要求把思考问题的方向对准全局和整体，从全局和整体出发。如果在应该运用整体思维进行思维的时候，不用整体思维法，那么无论在宏观或是微观方面，都会受到损害。

（2）结构法

进行系统思维时，注意系统内部结构的合理性。系统由各部分组成，部分与部分之间组合是否合理，对系统有很大影响。这就是系统中的结构问题。

好的结构，是指组成系统的各部分间组织合理，是有机的联系。

（3）要素法

每一个系统都由各种各样的因素构成，其中相对具有重要意义的因素称为构成要素。要使整个系统正常运转并发挥最好的作用或处于最佳状态，必须对各要素考察周全和充分，充分发挥各要素的作用。

（4）功能法

功能法是指为了使一个系统呈现出最佳态势，从大局出发来调整或是改变系统内部各部分的功能与作用。在此过程中，可能是使所有部分都向更好的方面改变，从而使系统状态更佳，也可能为了求得系统的全局利益，以降低系统某部分的功能为代价。

学习（解决问题也是学习的一种形式）本身是一个异常复杂的过程，从接触问题到最终解决问题，需要不断地收集信息，加工信息，整合信息，寻找问题的突破口并解决问题。

为了达到最终的目的，系统思维要求我们把工作、生活、学习、社交活动等一切可能出现问题的地方都作为一个系统，我们需要在这些系统里进行功能的调用，并让这些系统可以良好运转。

当个人或者团队出现问题的时候，系统思维可以帮助我们从以下四个方面展开思考。

（1）团队是包含若干个体的整体系统

团队是一个系统，不管团队的规模大小，它都是由一个个互相关联的团队成员所组成的，虽然工作内容不尽相同，但都是为了达成团队的整体目标而存在。系统思维要求团队成员之间确立部分服从整体的原则，在出现问题时，先从团队高度确定问题，再进行针对性的解决。

（2）团队是一个层次分明的系统

在职场中的团队，不同的团队层次负责不同的职能和任务。如高层管理者制订战略决策和总体实施计划，中层管理者分解战略决策和具体实施计划，低层管理者则执行相关计划和上级的命令并及时报告执行情况。

每个团队层次出现问题时，都由当前层次的成员进行解决，避免不同层次之间的成员出现信息的不同步，从而实现团队管理的系统功能。

（3）团队是一个动态发展的系统

团队遇到的问题在不断变化，团队内部作为一个系统也处于动态平衡的变化中。在遇到新的问题时需要以动态的系统思维来面对内外部环境的变化，并不断调整方法策略保持整个团队的系统稳定。

换言之，每个团队都是在“系统平衡”和“系统不平衡”之间不断往复循环并提高整个团队的适应能力。

（4）团队是与外部环境保持关联的系统

2015年，随着e租宝事件的爆发，银监会会同工业和信息化部、公安部、国家互联网信息办公室等部门研究起草了《网络借贷信息中介机构业务活动管理暂行办法》，明确了网贷监管体制机制及各相关主体责任，提出不得吸收公众存款、不得归集资金设立资金池、不得自身为出借人提供任何形式的担保等十二项禁止性行为。

不仅团队内部是一个小的系统，把它放在外部的整体环境中，一样需要作为一个整体来考虑。外部的宏观环境可以帮助团队明确哪些事情可以做，在开展一个新项目或者试图解决问题时，这些问题就是团队的红线。比如在e租宝事件之后，如果开展新的P2P业务，就必须要系统考虑相关部门的规定，否则只会给团队带来无妄之灾。

不管是个人还是团队，在信息爆炸的时代，面对浩如烟海的信息和不断出现的问题，对于工作思维的挑战程度是史无前例的。如果要在有限的时间内完成对无限问题的处理，系统思维可以帮助我们从更高的层次思考问题，解决问题，透过问题的细节看本质，并把有效的精力用在高屋建瓴的工作上，从而提高工作效率。

17.求异思维：你跟竞争者差在哪里

在完成了问题拆解和关键问题的工作后，是否就可以完美地解决问题了呢？

并非如此，一个问题的复杂性不仅表现在其内部，还表现在外部的各种因素，包括竞争对手、市场环境、政策形势等。在完成问题本身的分析之后，还需要对问题所在的整体环境和竞争对手进行对比分析。

2017年双十一期间，从11月1日至12日，京东商城累计下单金额超过1271亿元，11月11日当天交易额同比增长59%，且当天订单已有85%实现当日生产出库。同期天猫双十一全球狂欢节交易量是1682亿人民币，交易额同比增长39%。

如何在这场看不见硝烟的战争中获胜，关键就在于求异思维。

在当年的诺基亚和苹果的竞争中，诺基亚的竞争优势之一就是它庞大的产品线，仅2009年一年就发布了约20款智能手机，但如此之多的产品并没有覆盖到更多的消费者。而苹果则采取了求异思维，始终坚持“产品线简单化”战略：不推出大量新机型，但每一款都要是杀手级产品。

在面对天猫如此之大的竞争对手时，京东也采取了求异思维，当天猫认为互联网是轻资产模式，把配送服务外包给第三方快递公司时，京东采用了自建物流的方式，截至2017年已经拥有7大物流中心、710万平方米仓储面积、6906个自提点/配送站、335个大型仓库，覆盖全国2691个区县。如此完善的物流系统保证了京东双十一当天成功配送单量突破638万。

有两种不同的竞争思维，竞争趋优和竞争求异。当你追求竞争趋优的时候，关注点在竞争对手上，对方怎么做，你就怎么做，这样只能让你离竞争对手越来越近，但却无法超越，而且当你把超越竞争对手当作竞争目的的时候，就会失去对消费者的关注。在今天智能化改变零售的变革时代，我们应该思考另一类创新——竞争求异，也就是不跟随竞争对手怎么做，重新打破行业边界，重新定义未来。因为竞争趋优往往会走到模仿，竞争求异才能走到创新。

——京东首席战略官 廖建文

我们通过一个小案例来模拟一下求异思维在实际工作中的用处。

假如你是参加双十一活动的3C销售人员，老板给你下达了1000万的销售任务，而在上个月，这个数字仅仅是500万，为了达到1000万的销售目标，你先进行了问题的拆解和关键因素的确定。

接着你需要分析跟竞争对手的差距到底在哪里。

通过浏览3C行业的报告，从历年的销售数据中，你可以得到电脑、手机等3C品类在不同渠道的销售数据。

通过研究公司内部之前关于竞争对手的分析，你可以得到之前和竞争对手差在哪里，以便今年及时进行补救。

在行业里做了这么久，你也一定有一些个人的渠道去查证竞争对手的一些消息，这些消息有真有假，你需要一双敏锐的眼睛从中发现真相。

完成以上与竞争对手的对比之后，你需要跟老板进行协商，根据双方之间的差距进行查漏补缺，并根据问题拆分的步骤进行下一步的工作。

接下来还会有当月计划、本周计划和当天计划，以及确定各种工作的优先级，通过一系列的工作，最终接近并完成老板给你的1000万销售额。

以上只是一个简单的案例，一个完整的竞争对手分析包含四大分析要素：未来目标、当前战略、预测和能力。

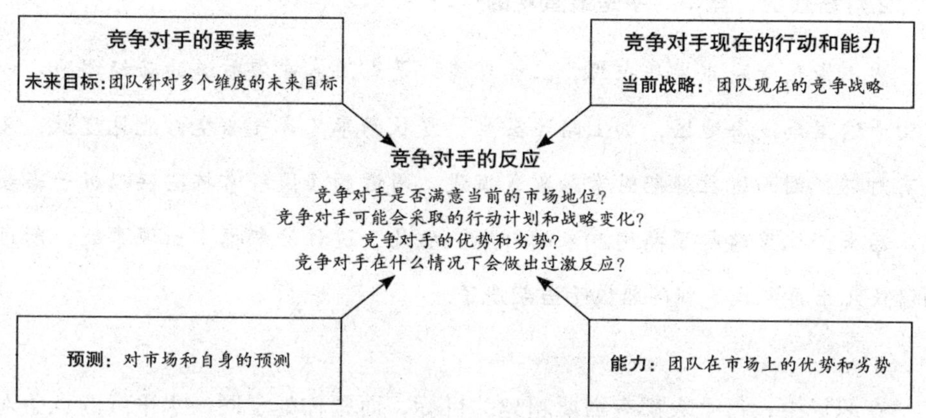

竞争对手的四大要素分析

在实际的工作生活中，你所遇到的竞争对手要比案例中凶猛数十倍。你不仅需要面对外部竞争对手的压力，还要面对团队内部的良性竞争，你的同事、领导甚至下属都可能是你现存或者潜在的竞争对手。

面对如此之多的竞争对手，如果只是单纯地盯紧竞争对手，对方怎么做，你就怎么做，那你最多可以成为竞争对手的山寨版，只有采取竞争求异思维，才能青出于蓝而胜于蓝，学习并超越竞争对手。

1.他山之石可以攻玉，竞争对手是最有效的教科书

职场生活中，你所遇到的问题大多是你未曾见过的，这也是我们日常工作中经常需要面对的困难。但你的竞争对手与你的工作经历、专业能力和遇到的问题都有非常大的相似性。从竞争对手身上可以借鉴解决问题的方式方法，在顺利解决问题的同时发现自身不足。

强大的竞争对手不仅是一本教科书，还是一块磨刀石，不管你愿意不愿意，都会迫使你被动地进行成长，以最快速度逼迫自己进行学习并提升进步的

空间。

如果拒绝从竞争对手那里获得新的灵感，那会让自己在封闭的环境内闭门造车，最终只能迎来失败。

2.灯塔效应，竞争对手是最直观的灯塔

成山角位于胶东半岛东端，三面环海，是渤海、东海航道的必经之地。以前由于这里属浅海地区，加上暗礁丛生，夏秋两季又雾气缭绕，能见度低，又没有灯塔，因而过往渔船时常触礁或搁浅。附近的渔民经常拣些碎船板子当柴烧。后来，这里建起了高达20米的灯塔。从此，过往渔船很少出现事故，附近的渔民几乎再也找不到碎船板子当柴烧了。

在职场中，每个人都有需要超越的目标，而跟你处于同一水平线的竞争对手则是你最先超过的目标，从这个角度说，竞争对手就是你最直观的灯塔。

之所以将竞争对手称为灯塔，是因为达成目标本身并不是一件简单的事情，只有从竞争对手身上吸取经验教训，并最大限度地发挥自身的优势，才能提升自己。

要想打败竞争对手，要做的第一步就是把竞争对手当作前进路上的灯塔，并在下一次靠岸的时候超越它。

3.竞争对手是你的助推剂，而不是死对头

鳗鱼的生命力很脆弱，只要一离开大海，要不了半天就会死亡。所以渔民们每次都在鱼舱中放进几条狗鱼。鳗鱼和狗鱼是出了名的死对头，狗鱼一旦遇到成舱的鳗鱼对手，便惊慌地在鳗鱼堆里四处乱蹿。而鳗鱼遇到狗鱼就会立刻警惕起来，这样一来，几条狗鱼就把满满一舱死气沉沉的鳗鱼全都给激活了。

动物没有对手就会变得死气沉沉；人如果没有竞争对手就会甘于平庸，最终庸碌无为；一个公司或行业如果没有竞争对手就会安于现状止步不前，逐步走向衰落。

从这个角度来说，你的竞争对手并不是你的眼中钉，而是你的助推剂，一个优秀的对手可以让你体会到棋逢对手的快感，为了消除这种危机感，你必须以更加旺盛的斗志去迎接挑战，从而在与对手的竞争中不断完善自己。

这个过程不但是自我完善的过程，还是将压力转移给竞争对手的过程，在缩短自身和竞争对手差距的过程中，你会不断处于竞争的优势地位，而竞争对手由于你的不断跟进，必然会承受由于你的进步而带来的压力。

4.知己知彼，竞争对手是最明亮的镜子

我们常常希望出现“棋逢对手”的竞争对手，而不愿意面对没有挑战性的对手，这是因为从太差劲的对手身上得不到胜利的成就感，也无法学习对手的优势和长处。竞争对手对于我们而言，更像是一面镜子，不管竞争的过程如何惨烈，在这个过程中，我们可以看到自己存在的不足，并迅速调整自己，扬长避短，在其他场合的竞争中获得更大的优势。

但在这场比拼中，还有一种可能就是你落败于竞争对手，这种结局会以最惨烈的方式告诉你跟竞争对手差在哪里，可能是学习效率，可能是思维能力，也可能是执行能力。

只要是竞争，就必然会出现失败的一方，这个时候需要善用求异思维来发现竞争对手最闪光的地方并奋起直追。武侠小说中，只有到了最后阶段才会放绝招，而更多的人都在等待偷学最后的绝招，所以，只要时刻对比与竞争对手的差异，必定会有战胜他的一天。

18.求变思维：永远紧跟市场变化

从发展的角度来说，市场上不存在任何技术或方法可以始终适用，只有紧跟市场变化，才能实现突破和创新。具体到公司发展和个人发展，市场会同时带来挑战和机遇，只有使用求变思维思考问题的人，才会在市场大潮迎面袭来的时候，成为站在浪尖的弄潮儿。

中国移动曾经在2G时代，凭借GSM优势一家独大。到3G时代，虽然拿到了TD-SCDMA牌照，但与拥有成熟制式牌照的中国联通和中国电信相比，业务发展上颇显吃力。ARPU值（每用户平均收入）、利润增速等关键业务指标不断被联通和电信缩小差距，2013年前三季度甚至出现负增长。与之相反，中国联通则连续多年高速增长。

而就在2013年底，整个通信市场迎来一次新的洗牌，中国移动顺利拿到TD-LTE牌照。

4G的到来让中国移动看到了前所未有的机遇，一切以4G为中心成为中国移动顺理成章的战略，把握先发优势，4G成为中国移动的翻身利器。

在2013年底，中国移动的4G基站数量约20万个，截至2017年6月，中国移动已建成4G基站162万个，累计投资4500亿元。截至2017年4月，中国移动4G用户总数达5.73331亿户，成为三大运营商中当仁不让的4G霸主。

从中国移动在通信市场的发展可以看出，不管是从2G时代到3G时代，还是从3G时代到4G时代，在面临每一次市场变化时，中国移动都可以第一时间洞悉到市场用户的反应，并迅速将新技术应用到实践中，使之产生新的价值和效益。

这一点同样反应在移动互联网时代，由于微信等移动应用的出现，过往的电话和短信退居次要地位，微信凭借近10亿活跃用户群成为日常生活的主要通信工具，包括移动在内的三大运营商短信和语音通话业务不断萎缩，数据流量业务不断攀升。

如果还抱着短信和语音通话业务不放，必定是死路一条。以中国联通为例，其联合腾讯推出了“大王卡”，“大王卡”的用户使用腾讯的移动APP（包括微信、QQ、腾讯视频、QQ音乐、腾讯游戏）时所耗费的流量全部免费，这种求变思维对于三大运营商都是一个非常不错的想法。

在职场中亦是如此，在面对市场变化、团队变化、工作变化时，我们所能做出的决策无非是以下三种：不做变化，随之改变，提前改变。

1.不做变化

1996年至2010年，诺基亚连续14年销量全球第一，2011年突然宣告破产，2013年将手机业务以54.4亿欧元的价格出售给微软。从巅峰到破产，诺基亚只用了一年时间。遥远的功能机时代，诺基亚的塞班系统曾是市场的宠儿，但随着市场格局的变化，苹果的iOS和谷歌Android前后夹击，面对全新的交互体验，诺基亚却故步自封，选择了不做改变。

诺基亚的路，任天堂也曾走过。它在红白机时代是游戏机的霸主，20世纪80年代，任天堂在与索尼的游戏机大战中落败，索尼（Sony）用更好的硬件规格、更棒的影音效果颠覆任天堂对游戏的定义，很长一段时间，任天堂靠掌上型游戏机才得以存活下来。

一直到索尼游戏机问世12年后的2006年，任天堂才推出Wii，用体感游戏重新争回市场地位。一旦市场环境发生改变，须忘记自己过去的成功，拥抱新的环境，通过自身变革重返舞台。

如果企业不愿意改变经营模式，员工不愿意改变产品观念，更不愿意接受市场对自己已有市场的改变，结局只能是被淘汰。

市场环境的变化是主观意识无法左右的，如果采取僵化思维而不是求变思维，坚持在新的市场环境下走老路子，那就相当于把市场拱手让给了竞争对手。

如果凭借诺基亚的品牌和硬件设计，结合Android的操作系统，即使在三星等厂家的猛烈竞争中，依然在市场上会有一定销量，至少可以支撑整个公司不倒闭，为东山再起争取到喘息之机。

但很可惜，在日新月异的市场中没有“如果”这个词。

2.随之改变

在市场形势发生变化时，有的企业选择了随之而变化，这里的“变化”分为两种：一种是被动变化，一种是主动变化。被动变化主要是紧跟市场领导者，采取追随战略，对市场内优秀的竞争对手采取高度模仿的策略，这种跟随策略可以保证一定的市场份额，并承担最小的风险。但随着产品同质化的加剧，还会继续面临竞争加剧的困境。

但求变思维主要体现在主动跟随上，早在春秋战国时期，我们的先辈们就意识到了求变思维的重要性，《孙子兵法·九变篇》中称，“将通于九变之地利者，知用兵矣”，这种“通于九变之地利”的主动求变思维正是中国人思维中灵活性和变通性的集中体现。

在互联网对传统行业进行全面洗牌的今天，如果不主动跟随市场的变化，市场机会稍纵即逝。

作为家喻户晓的老字号品牌百雀羚，从1931年成立至今，百雀羚已经87岁了，这个曾被当作国礼送给外国友人的国民品牌从2016年开始，在广告营销上频频发力，从2016年双十一脑洞大开的鬼畜古典风广告剧《四美不开心》和《四美不开心之平行世界》，到2017年霸屏的一镜到底广告《1931》，3分钟剧情7次反转的《三生花》，这些颇具创意、画风清奇、脑洞大开的创意营销和神作广告，让百雀羚在互联网营销时代也成功完成了品牌年轻化的打造，正是这样的转变让这个百年国货老品牌在新时代下依旧大放光彩。

一次顺势而变，让一个百年的老字号品牌在新的市场环境中又重新绽放出光芒。

3.提前改变

QQ诞生于1999年，在之后的十几年里一直是大家所依赖的在线即时沟通工具，之后还增加了在线支付、社交空间以及收发文件等功能，可以说，仅靠QQ这一个产品，腾讯也能在中国互联网混得风生水起。

移动互联网时代的运行规则与PC互联网时代完全不同，腾讯如果没有微信，可能是一场灾难。

腾讯从诺基亚、黑莓这些曾经千亿美元市值公司的沦落中悟出，巨型企业要时时有危机感，腾讯因此成立了能够打败现有产品的团队，微信即是腾讯内部团队竞争的结果。腾讯会让公司内部不同工作团队研发可能颠覆自己的新产品，让它们互相竞争，赢家胜出。

——马化腾在中国企业家俱乐部“道农沙龙”上的演讲

如果马化腾的这段话还没有让你意识到求变思维的重要性，我们不妨来思考一个问题：在微信出现之前已经有了QQ，为什么腾讯还要再推出微信？

随着iPhone的巨大成功以及APPStore的全新模式，整个移动互联网的市场一夜之间风云突变，马化腾的难题来了。

是继续守着QQ在PC端的优势不放，还是在移动互联网还没完全普及之前提前改变？

微信之父张小龙果断选择了后者，当时QQ在PC端开发思维的延续以及客户端的减肥难题，使其在移动互联网市场中显得有些笨拙，而微信直接把即时通信的重心从文字转向了语音，完全基于手机客户端开发了新的产品功能和界面，这就是今天大家看到的微信。

也正是因为有了微信，腾讯才在新的移动互联网市场中一骑绝尘，张小龙也因为这一个产品而为世人所知。

在这个快速变化的时代，惯性思维必然会阻碍个人和团队的发展，只有改变思维定式，保持开放求变的心态，才能不被市场和竞争对手甩下。

第五章

高手考虑的是解决问题的合理性

我们生活在一个充满问题的世界，问题无处不在，从某种层面讲，思维的价值就体现在解决问题上，一个人是否能够成功，关键在于如何解决遇到的问题。

19.制定属于自己的游戏规则

我有一位朋友刚跳槽去了一家创业公司，没干几天就来跟我吐槽公司同事白天不干活，到了下班的时候开始忙碌起来，营造出一种加班工作的氛围。

从外企出来的她完全适应不了这种效率低下的工作方式，在进入新公司后，她每天还保持着外企高效率的工作方式，每天完成工作之后就下班回家了。

这与新公司的加班文化一点都不融洽，以至于她的直属领导都有意无意地暗示她象征性地加个班。

如果不是朋友本身的业务能力比较出众，我都怀疑她能否顺利通过试用期。

那么，为何一个这么出色的人在职场中还是会出现这种问题?

关键就在于她既没有属于自己的游戏规则，也不适应别人的游戏规则。

去年《我的前半生》一下子把职场电视剧的体裁推上了热门，做了10年全职太太的罗子君在离婚后，重回职场找工作时处处碰壁，她的闺密唐晶对此非常担心，而在职场中打拼十多年的男主贺涵却看得很淡:“路要自己一步一步走，苦要自己一口一口吃，抽筋扒皮才能脱胎换骨。除此之外，没有捷径。”

不管是职场还是生活，都没有什么捷径可以走，要想生存下去，要么自己听别人的，有了脾气自己忍着，要么让别人听自己的，制定属于自己的游戏规则。

1.知己知彼，门儿清才能有制定规则的机会

根据数据显示，有38%的90后大学毕业生在工作半年内就选择离职，这部分群体普遍存在职业定位模糊及抗压性较差等特点，往往“说走就走”，大部分人干不过半年就开始不适应职场的已有规则，他们对于公司的抨击点主要集中在公司制度、公司流程或者绩效体系等方面。

对于工作半年就离职的人群来说，谈“制定自己的游戏规则”显然是一句空话，因为你甚至都没有弄明白现在的制度到底为什么合理存在。

一个公司，即使是被大家诟病流程冗杂效率低的国企，也正是因为它严谨的流程制度，每项工作都有既定的规范，才能保证一个公司可以顺利地运转起来。

而只有当新的规则解决了旧规则中不能解决的问题，才有其存在的价值，否则就不足以称为新的游戏规则。

2.不破不立，“立”就要颠覆原有规则

1991年，军人家庭出身的袁昶平在台湾台中市开起了第一家“金钱豹”，2000年后，袁昶平将金钱豹的品牌移到了大陆，并将其改造成了“高档自助餐”。2003年，金钱豹在上海开业，以大型奢华自助餐厅的招牌，迅速成为中国自助餐的鼻祖。

制定自己的游戏规则，自然要具备颠覆现有规则的能力，对事情本身有着本质的促进作用，否则也无法继续生存下去。

在袁昶平的思维方式中，他就完全抛弃了原有餐饮业的游戏规则，从头开始制定了自己的游戏规则。

在袁昶平之前，所有的饭店都是点餐消费，因为原材料的价格是透明的，饭店成本远低于销售价格，因此被动消费的消费者会觉得饭店是暴利行业。

袁昶平的游戏规则完全把消费者从被动消费者变成主动消费者：只要支付一笔固定的餐费，就可以根据自己的喜好、速度、饭量来主动取餐、就餐。

这个游戏规则抓住了消费者占便宜的心理——虽然花的钱一样，但想吃什么吃什么，大部分人都会觉得很划算。

实际上，经过严格的成本核算和菜品设置，自助餐是肯定不会赔钱的，加上妇女儿童的食量本身就小，所以袁昶平的这个游戏规则让餐厅和消费者的满意度都获得了提升，至今还在餐饮界内广为流传。

要想制定自己的游戏规则，就不能受原有规则的约束；相反，要尽可能地打破原有规则，才能有更多的生存空间。

3.合作共赢，“合”才能衍生新规则

2016年初，滴滴出行正式宣布上线“快车拼车”功能，每单最多接受两组愿拼订单，按照“一口价”方式计费。目前，包括北京在内的14个城市已经可以使用滴滴“快车拼车”功能。

2017年10月，摩拜单车最新版APP将新增“拼车”服务入口，用户无须切换APP和账号即可呼叫滴滴拼车，主要倡导畅享出行、理享出行、轻松出行、轻价出行四大理念，深度连接两轮与四轮出行，综合运用大数据、云计算和物联网技术，打造“骑乘骑”出行闭环。

以滴滴出行和UBER为代表的私家车提升闲置车辆的利用率，而拼车功能则提高了闲置车座资源的利用率，在用户节约出行成本的同时仍然保证出行舒适，突出“花更少的钱享受一样的品质出行”，缓解了交通拥挤和环境污染的压力。

在滴滴拼车出现之前，从来没有一种出行形态可以将不同乘客和车主结合成一个利益共同体，传统的出租车公司只能保证单个乘客和车主的利益，黑车司机则只能保证车主的利益，所以，当拼车功能上线之后，大家第一次意识到：原来打车还能这么玩！

共赢思维是指在处理双边和多边关系时，在相互信任的基础上，通过各方相互理解、相互支持、换位思考，使双方或多方的利益分配趋于合理化，使各方基本满意，由开始的买卖关系逐步提升为相互依存的伙伴关系。

而基于共赢思维的游戏规则需要考虑每个环节的利益相关者，在滴滴拼车的案例中，拼车规则需要同时顾及乘客、车主、平台、市场监管者等多方的利益，只有多方利益可以在游戏规则下实现共赢，这个游戏规则才能顺利地实施下去。

4.忌朝令夕改，"改"不足以成就新规则

制定新的游戏规则是一个长期而持续的过程，但一旦完成规则的制定，就要尽量避免再次调整，因此，在制定新规则之前，一定要进行严密的辩证和推理，提前预估可能出现的风险和损失，并将这些不利因素控制在可控的范围之内。在不确定的情况下可以进行小范围试验和用户调研，这样才不至于在新规则推出之后出现朝令夕改的情况。

2017年2月4日，京东官方发布公告，宣布北京、上海、广州等13个城市的运费标准进行调整，在之前的三个月，京东已经连续三次调整运费标准。

我们连涨了三年的免运费门槛，但发现每次涨的时候，用户并没有流失。

——刘强东

消费者对京东价格上涨有一定的心理预期和接受度。但价格不能持续上调，对于终端消费者来说，虽然客单价有上涨趋势，但免运费标准到达99元，多少会影响消费者选择或者降低购物频次。

——双壹咨询创始人 龚福照

据媒体数据显示，京东从2009年一直处于净亏损的状态，2015年净亏损94亿元，2016年亏损5.7亿元，迄今已累计亏损185.47亿。但不管在运费调整或是商品促销方面，京东从未出现过反复修改或者砍单的情况，反而是以价格保护和七天无条件退换等方式获得了更多的消费者。从这一点来说，刘强东不仅善于制定他自己的游戏规则，也善于执行已定的游戏规则。

游戏规则是工作生活中的方法和制度，更是一种思维方式的体现。这对于希望改变游戏规则的人有着非常高的要求，不仅需要本身的业务能力比较出色，而且对于思维能力同样有较高要求，只有经过长期的知识储备和经验积累，才能有机会在形势发生改变时制定自己的游戏规则。

如果你还没有制定游戏规则的能力，那么最好的办法就是遵守它，让它推动你进步。

20.时刻接地气，保持手感

2002年，75岁的褚时健向老朋友借款在云南哀牢山上承包了2400亩荒山，从此开始了十年磨一剑的种橙生涯。

在过去十多年里，80多岁的他每个月下地8～10天，从玉溪到嘎洒果园，200多公里，全是山路，行车至少3个多小时。到果园时，吃住就和工人一起，一起吃饭，一起聊天，深知工人的想法和情况。每个技术员、每户农民干得怎么样，存在什么问题，他都很清楚。

2015年，88岁的褚时健在天猫开设“褚橙旗舰店”，并加入阿里巴巴集团的满天星计划。2016年，褚橙销售上亿吨，成为名副其实的名牌产品。

在职场中，很多领导或同事都具备较高的理论修养和知识储备，这在工作中可以为我们提供良好的思路，但理论知识只是开展工作的一部分，如果只懂理论知识而不亲自动手去做，在面临实际问题时，就会发现自己陷入纸上谈兵的困境。

实践是检验真理的唯一标准，任何理论都需要在具体工作中进行实践和验证，只有通过实际工作验证的理论才是真正适用的工作思维。而要通过实际工作验证，就需要亲自走上第一线，保持对工作的手感。

据说，在狗粮生产基地，新配制出的狗粮都是要经过好多人品尝并通过后才会上市的。最早将这一做法使用在IT界的是微软公司，微软要求产品人员每天都要使用自己正在开发的软件，以便随时检测软件中可能存在的问题，微软称为eat our own dog food（吃我们自己的狗粮）。

在我负责产品工作团队的过程中，最常说的一句话就是：每天都用自己的产品。

互联网产品经理最重要的素质是时刻保持对产品的敏感，但生而为天才的产品经理几乎不沉溺于此，所以最简单粗暴的方法就是天天用自己做的产品，不管它有多烂。

有的产品经理找不出可以改进的地方，最关键的因素就是用得不够勤。从来不存在完美的产品，仔细体验产品一星期，你会发现自己的dog food没那么好吃，这是一个好产品必然会经历的阶段，到一线发现问题并在一线解决问题，直到达到你的标准。

有时候，我们不仅需要自己主动发现问题，还要去跟实际用户交流并发现问题，2017年11月，新版微博客户端把原来评论、转发、点赞以及私信、微博群混在一起的消息栏改成了通知+聊天，私信和微博群划归聊天栏，众多用户在微博上吐槽新版通知栏，并成功迫使微博版本恢复到之前的状态。被用户吐槽并不可怕，如果可以在用户的吐槽中完善产品，也是一种进步。

我认为，做产品最重要的是接地气、保持手感。你需要了解用户们在想什么，原因是目前我们的产品不完美、当前的游戏规则不完美。如果不知道用户们在想什么、不知道用户会遇到什么问题，而且我们还做不到举一反三的分析，那根本就没法改善现有产品。

——奇虎360公司董事长 周鸿祎

在2016年互联网O2O业务发展最好的时候，大部分互联网公司的产品经理都会亲自参与到线下推广中。如果不亲自去跟用户沟通，就不知道用户所关注的点在哪里，更无法做出用户喜欢的产品。在2017年直播兴起之后，360公司直接把花椒直播的等级作为员工考核的指标之一，周鸿祎认为："在花椒里做干部的，每天晚上不在里面花钱，你就没法体会用户的感受。很多细节，你不去用产品，是没法知道的。如果解决这些细节问题，我们的产品留存率提高一倍，能轻轻松松做到。"

工作理论和工作思维都是在实践中逐渐获得的，单靠教科书固然可以指导和验证实践的过程，却无法替代实践。保持手感就是要求我们保持高频率的实践活动，更好地把握工作要领，更好地将工作做到位，尽快形成属于自己的工作理论和工作思维。

21.到一线发现问题，在一线解决问题

很多应届生在毕业的时候都会选择快消行业，宝洁、联合利华、强生、高露洁、玛氏、箭牌等跨国公司每年都会在中国招聘大量的应届生，凭借管理培训生等企业制度吸引很多刚毕业的学生。

管理培训生制度是指公司对刚入职的应届生进行较为系统、全面的训练，从中发现具备高层管理潜能的人选，其有助于帮助公司迅速发现最优秀的领导人才，使组织保持持久的竞争优势。

但是当一些应届生进入公司之后，才发现面临自己的不是高大上的写字楼和西装革履的装扮，更多时候需要去一线扮演一个普通员工的角色，商品入库、客户投诉、物流管理。

实际上，在快消行业的生产一线，刚入职的员工可以最快地了解商品流通的流程和实际销售的工作秩序，更重要的是可以理解消费者的消费习惯和一线员工处理问题的思考方式。教科书上学不到的知识都可以在生产一线得到完整的体现，这些知识可以帮助新员工在之后的工作过程中游刃有余。

其他行业也是一样，如果没有生产一线的经验，势必会成为在公司长远发展的瓶颈：领导布置有关一线的问题时，你可能会出现理解偏差；同事讨论一

线生产的具体流程时，你可能只能流于字面意思；下属在汇报一线情况时，你无法发现其中可能存在的隐患。

为了保证产品质量，华为内部有一个中试系统，部门内部的员工专干脏活、累活，很长一段时间内，该部门始终保持1000多人的规模，很少有人离职和跳槽，也没有人向上级抱怨什么，他们心甘情愿地长期坐冷板凳，并且为华为公司的产品质量提供最坚实的保障。任正非对于中试系统给予了很大的关注，并且提出了“板凳要坐十年冷”的口号。

一些工作没几年的员工跳槽频率相对较高，而跳槽的原因多是待遇不满意或者晋升太缓慢，认为一线的岗位无法匹配自己的能力，因此不愿意继续在目前的岗位上工作。

实际上，职场上根本没有天生的领导者和管理者，所有的管理人员都是从基层做起的。

如果不能改变这种一蹴而就的思维方式，即使换更多的公司，你只会耗费更多的切换时间，在同样的岗位转圈圈。

在麦当劳，50%的高级管理人员都是从一线员工中诞生的，他们都有一个共同的特点：即从零开始，脚踏实地。炸土豆条、做汉堡包这些再基本不过的工作是在麦当劳走向成功的必经之路。从收款到炸土豆条到制作冰激凌，每个一线岗位上都会诞生以后的餐厅经理。

在麦当劳，刚入职的新员工要当4到6个月的实习助理。在此期间，他们以一个普通班组成员的身份投入公司各个一线工作岗位，如炸土豆条、收款、烤牛排等。在这些一线工作岗位上，实习助理应当学会保持最佳服务的方法，并依靠最直接的实践来积累实现良好管理的经验，为日后的管理实践做准备。

第二阶段是二级助理的岗位，在每天规定的一段时间内负责餐馆工作，除了实习助理应承担的工作外，还要承担一部分管理工作，如订货、计划、排班、统计……在餐厅的日常实践中摸索经验，并展示其在一线生产中的管理才能。

只有在进入麦当劳8到14个月后，才有机会成为一级助理，但这还不是餐厅经理，只不过是餐厅经理的助手，在这个工作阶段，比二级助理又要承担更多生产一线的工作职责。

通过在一线不断地积累经验，每年有大量的内部员工可以得到麦当劳的晋升机会。

Facebook的创始人扎克伯格曾说过，他做过最明智的一件事就是给予员工大量的机会，在Facebook12个直接向他汇报的事业部中，除一人外，其他人刚进入公司时，都是从普通员工慢慢升到管理层的。

这并不是扎克伯格临时起意，而是公司在做任何决定的时候，都应当多听取一线发现的问题，这些人对于一线中出现的问题最为敏感，也可以凭借多年的一线经验迅速给出解决方案，同样的事情也发生在福特等跨国公司中，在福特公司可以经常看到一线员工直接与高出自己几个级别的管理者进行会谈，表达一线工作中出现的问题，帮助管理者尽快给出解决方案。

只有时刻保持去一线发现并解决问题的思维方式，才能最快地从一个业务员到团队的管理者，实现从一线员工到管理者的转变，从而实现职场的第一次重要转变。

22.单点爆破法则

2017年11月11日，小米天猫双十一正式开始，截至0时3分57秒，小米支付金额已经超过一亿元，截至0时19分16秒，支付金额已经突破4亿元，在整个双十一期间，小米在天猫渠道的总收入就超过了3.7亿美元。

在还没有小米的时候，资本市场的宠儿是凡客诚品，而如今凡客诚品销售规模缩水至5亿，还不到最辉煌时期的二十分之一。

2011年，凡客T恤售出了逾1000万件，帆布鞋售出500万双。在一片大好的形势下，凡客开始了全面的品类扩张，先后进入箱包、内衣、百货以及化妆品等领域，连拖把、电饭锅都可以在凡客诚品上看得到。凡客的老板陈年想多路出击，在多个领域获得全面突破，他不断采购和引进新品，但很明显，消费者只是想在凡客上买T恤或者帆布鞋，这种错误的品类扩张最终导致凡客近6亿元亏损。

小米作为互联网创业公司，以最初十几人的创始班底，进入智能手机高手如云的竞争市场，本身就是一件风险很大的事情。但小米只用了两年半的时间，就成为中国第一，世界第三，并且有冲击1000亿销售额的底气，其关键在于单点爆破思维。

所谓的单点爆破思维，简单来说就是“少而专注”，从2011年发布小米1到2017年的小米6，雷军保持着每年1到2款的手机发布，仅凭借每年1到2款的手机，小米就从华为、酷派等传统手机厂商手中夺走了很多份额。

人的精力是有限的，所以要将有限的精力放在有限的事情上。有的时候，并不是事情越多越好，事情越多，我们的专注力就会随之下降。如果在要做的事情中挑选10%出来，而付出100%的精力，你会发现做好一件事情并没有那么困难。

单点爆破的关键点就是要控制自己的欲望，专注一件事情，并把这件事情做好。在资源有限的前提下，如果什么都想做，最终的结果只能是什么都做不好。

在市场机会的选择上如此，在日常生活和工作中也是一样，如果贪图太多的事情，就如同童话故事中的猴子下山捡西瓜，最后西瓜和芝麻都没有得到。

那么，如何有意识地贯彻单点爆破法则呢？

1.在海量的基础上做单点

小米手机之所以可以打败众多的对手，就是在质变之前积累了足够多的量变。据雷军称：“小米手机的开机画面，为了挑选一张壁纸，我看了100万张照片，小米至少买了1万张照片。”

现在安卓手机的同质化现象非常严重，很少有厂家会为了一张简单的壁纸亲自看100万量级的照片，但是如果不积累如此之多的数量，就不会有今天小米手机五彩缤纷的壁纸商店。

同样地，在为多看阅读挑选图书资源时，雷军从76家出版社的几十万本书籍中挑选了3000本书籍，进行重新分类组合之后推送给用户。

从这个层面来说，雷军是不折不扣的苦干家、实干家；另一方面，也只有在积累海量数据的基础上，单点爆破才有存在的意义。

2.专注把一件事做到极致

单点爆破法则的第二个要素就是专注把一件事做到极致，以小米手机为例，从诞生以来就一直不计成本地做最好的产品，基本都采用了苹果的供应商，最新发布的小米手机6是国内首款配备骁龙835处理器的手机，只有这样，才能赢得消费者的青睐。

举个职场中常见的现象，每年公司里的优秀员工、先进团体和年终最佳绩效可能集中在部门的几个同事之间，这几个人可能是核心项目的带头人，可能是年会的组织者，也可能是与其他公司合作的接洽人。

你觉得自己正常出勤，从来没有迟到早退，领导交代的事情也都按时完成了，但为何最后评为优秀员工的是别人。

你可以宽慰自己没有合适的机会，也可以阿Q精神说自己不屑于去做。

但事实就是你没有那么专注地去做一件事情。

“所有人都知道世界第一高峰是珠穆朗玛峰，但世界第二高峰是哪一座又有多少人知道？”

虽然这句话被段子手各种嘲笑，但它背后揭示了一个事实：**没有那么多人可以做到专注地做一件事情。**

卖早点、手机贴膜、摆烧烤摊，甚至做公众号，这些事情看起来很简单，但有几个人可以把卖早点和手机贴膜的事情做到年收入几十万？

只有通过坚持不懈地专注于同一件事情上，才会取得质变。

近年来职场中流行“匠人精神”的说法，所谓“匠人精神”就是对工作执着、对所做的事情和生产的产品精益求精、精雕细琢的精神，是一种追求极致的专注精神。

瑞士的顶级名表都是匠人一个零件一个零件地打磨而成的，当你在一件事情上持续付出的精力和时间远远超过其他人时，你所获得的成就也必定会超越大部分人。

肉夹馍本是陕西地区的地方小吃，在全国各个地方都看得见，但能把肉夹馍做到每天2万元营业额的店铺只有西少爷一家了。

简单的一份肉夹馍花费了创始人孟兵整整半年的时间，盐的分量、切肉的碎度、馍的厚度、馍的直径，需要一套精密的计算公式，来确保肉夹馍符合人体的最佳咬合度，卤汁可以完全浸入馍内，但又不会影响饼皮的脆度。

普通的小贩都是拿一个简单的塑料袋作为包装，西少爷肉夹馍则会用不透油的网状结构材料作为包装，从内到外，都是西少爷把肉夹馍做到极致的体现。

你能像西少爷做肉夹馍一样对待自己的工作吗？

3.单点爆破用户的期望值

韩寒的作品《1988：我想和这个世界谈谈》上市时制定了两种价格，平装版定价是25元，精装本限量版定价为988元，一时之间引来了各方的争议和关注。

这么贵的一本书，为何大家还争相埋单呢？

因为这本988元的书远远超出了用户的预期，书的本身全部用碳纤维制作，制作成本就近千元，更重要的是每本书的背后附送了十克纯黄金，价值3000元钱，不管从哪个方面来说，这本书都值得入手。

类似的案例还有很多，当用户收到你的作品成果之后，如果惊声赞叹，那么说明你的成果至少在某个方面超出了他的预期。韩寒988元的书在性价比上超出了用户预期，华为手机在摄像功能上超出用户预期，而这些超出期望值的行为势必会促使单个用户向其他用户宣传，最终形成大面积的传播。

4.小而美的团队法则

Instagram公司位于旧金山，由凯文·斯特罗姆（Kevin Systrom）和Mike Krieger联合创办，产品于2010年10月正式登录APP store，在上线的第一天

Instagram就获得了2.5万名下载用户，上线一周后拥有了10万注册用户。

虽然Instagram用户在不断迅速增长，但公司的员工一直保持非常少的数量。

在公司成立一周年的时候，团队只有6个人；2012年10月25日，Instagram以7.15亿美元的总值被Facebook收购时，公司的员工也只有13人。

这样的案例还有很多，2014年，Facebook以190亿美元收购了即时通讯应用服务WhatsAPP时，WhatsAPP有超过4.5亿的用户，但只有35名工程师；2012年，Path在发布让人惊艳的2.0版本时，只有25名员工，如今这家公司估值已经超过10亿美元。

这些公司用实际行动证明了小团队在单点爆破方面的优势。

“小而美”的概念来源于马云在2009年APEC峰会上《未来世界，因小而美》的演讲。“小”是指细分市场的小，细分市场越少，团队可以投入的精力就越会被放大；“美”是指细小之处让用户满意，在细节上做到极致。

如果一家企业能拥有成千上万的员工，那自然是极好的。但如果员工数量的增加不但没有创造更多的企业效益，反而降低了工作效率，那团队人数的增加就没有任何意义了。

国内的创业公司经常会出现这样一个怪圈：拿到VC的融资后，先扩大办公室；再高薪挖人，增加员工人数；最后大幅度增加市场营销费用。

往往做完这三件事情之后，VC这一轮的钱也花得差不多了。很明显，这些钱并没有花到刀刃上。

由于工作内容和团队成员的增加，必然会出现部门的细分和工作分工的细分，原本可以面对面沟通的同事慢慢地必须在会议室中进行沟通，原本可以几句话说清楚的事情需要发好几封邮件才能说明白。

而且这个过程还会带来团队内部的隔阂和不信任，大家会陷入尽快推动本身工作的怪圈，而不会去想“为什么要做这件事情”“这件事情可以解决用户的什么痛点”。一旦团队内出现这种怪现象，那想在一个点上实现爆破就很有难度了。

Patrick M.Lencioni在 *The Advantage* 一书中提出，建立小而美团队的三个基本问题就是：

（1）我们团队是做什么的？

（2）我们团队如何做才能成功？

（3）哪些是目前阶段最重要的目标？

针对不同的目标进行团队的设置，保证团队可以迅速满足某一个细分市场的需求，在一个特定的市场内做强做大。不用刻意地去讲究什么单点爆破，你的团队也可以随时爆破掉这个领域的任何一个问题或者竞争对手。

23.不要奢望“以不变应万变”

中国人有句老话叫“以不变应万变”，这句话也成为很多人在生活和工作中的挡箭牌：他们以为在一家公司中积累的工作经验，也可以同样复用于另外一家公司，这种偷懒的“不变应万变”必然会导致工作越做越忙，越做越不顺手。

当面临新的环境和问题时，之前的经验可以帮助我们更加熟稔地想出新办法，但不能直接套用，大公司稳定优先的工作思路不适用于创业公司，创业公司的狼性文化也不适用于大公司。

世界上没有两片完全一样的树叶，同样没有两个真正相似的问题。就算我们从事过再多的工作，解决过再多的问题，也不会有一种适用于所有问题的解决方法，更不会有“以不变应万变”的事情发生。

不管之前的问题跟你正在面临的问题看起来如何相似，它所处的外界环境和参与问题的人都已经发生了变化，这个时候必须重新考虑问题中的各种因素，对比它们与之前问题中的不同之处，并提出对应的对策。

菲利普·费雪（Philip Fisher）被称为“成长股投资之父”，他的投资管理顾问公司每年平均报酬率都在20%以上，他在1958出版的《非常潜力股》至今仍是所有美国投资管理研究所的指定教科书。

菲利普·费雪非常重视投资过程中的内幕消息，并花费很多时间在考验公司和约见高管上，他曾说过："仅仅与他们交谈是不够的，重要的是在他们了解的每一点上均能唤起他们的兴趣和信心，让他们乐意告诉他们所知道的东西。"

但是获取公司的内幕消息并不仅仅是简单的会谈，而是要从对方的话语中研究对投资有利的信息，所以需要有精湛的财务知识和战略管理知识，如果没有菲利普·费雪的高度，即使完全复制他的行为，也无法得到他的成果。

同样一个问题，在菲利普·费雪那里是一个解决方式，在普通投资者这里，又是另外一个解决方式。因此，菲利普·费雪从来不奢望以不变应万变，而是建议投资者聘请专家进行专门的投资顾问。

固然，随着你成功的项目经验越来越多，解决问题的能力也日益增强，在遇到新问题时，或多或少有一个大概的思路，可以凭借工作上的敏感度来规避一些陷阱。这也是为何一些职场中的老人可以在面对新问题时，不需要太久的思考，仅仅靠直觉就可以得到一个八九不离十的答案。

但就像与菲利普·费雪的差别一样，你可能与这些职场老人有同样的办公环境和工作工具，但在达到他们所积累的工作思维之前，只有身临其境地考察一个问题，才能得到最准确的答案。

如果仅仅看到问题的表面现象，就极易陷入上文中的困境：为何我跟菲利普·费雪做了同样的事情，却亏得一塌糊涂？

对于职场新人更是这样，如果你希望以不变应万变，那么最终可能一无所获。

24.为何你按部就班，却无法解决问题

小李是一名电话接线员，每天的主要工作就是回答来电客户的问题咨询，向其介绍公司产品的基本情况，并将客户问题分发到对应的部门。

干了一个月之后，小李发现这份工作非常有章可循，只要照本宣科地把产品的基本情况复述给客户，然后把无法回答的问题转接给对应部门就可以了。

万万没想到，第二个月的时候，小李就受到了部门经理的批评："客户反映公司的接线员对业务知识不熟悉，工作态度不认真，听她说完了，完全没有购买公司产品的欲望。"

小李在脑海里仔细回顾了一下，发现自己是完全按照公司的规定进行工作的："我严格按照公司的礼貌用语与客户谈话，我把产品介绍背得很熟，怎么还有客户说我对业务知识不熟悉，对工作态度不认真？"

部门经理说："你虽然使用了公司规定的礼貌用语，却从来没有主动争取过客户；你背熟了产品介绍，却从来无法解答客户的所有问题。"

挨了一顿批评，小李心里却很疑惑："我是电话接待员，为什么要去争取客户？客户的问题太刁钻，难道不应该转交给其他部门？"

仔细想一下你过去的工作生活中，类似小李的这种情况是不是时有发生，相对于“做成了”，很多员工更喜欢强调“我做了”，而在“我做了”的这个过程中，他们的表现按部就班，却没有一丝亮点可言。他们经常会挂在嘴边的话是：

“我按照岗位职责做了事。”

“我按照公司规定做了事。”

“我按照流程要求做了事。”

这种按部就班的思维是职场中最保险的一种思维，但也是最低效的一种思维方式，在这种偷懒思维的影响下，很多人可以不动脑子地上班工作，老板对这样的偷懒思维无可奈何，但你也得不到任何长进。

只要按部就班地完成工作，肯定不会出现问题，如果出现问题，你可以找出一大沓的规章制度来证明这些问题不属于自己的职责范围，即使出现了失误，也可以将这些失误甩锅给规章制度——因为规章制度没有错。

如果以这种思维来工作的话，那么问题就永远不会得到解决了。这种逃避问题的工作思维是偷懒者的挡箭牌，也是对岗位职责的亵渎。

反观那些在职场中如鱼得水的同事，为什么这些人可以在面对问题的时候迎难而上？而我们其中的大部分却只是把工作作为一种谋生的手段，见到问题就唯恐避之不及呢？

这个问题对于大部分人来说是一个无解的题目：工作是为了赚钱，还是为了解决问题？

如果单纯是为了赚钱的话，那你完全可以像上文中的小李一样，循规蹈矩地上班下班，见到问题就甩给其他人，被领导批评还面临失业风险。

但如果工作是为了解决问题的话，那是否应该想想：如何才能积极主动地解决问题？

工作就是不断发现问题，分析问题，最终解决问题的一个过程——晋升之门将永远为那些随时解决问题的人敞开着。

——松下幸之助

1.确认工作的开始

上级或者其他同事向你同步了一个任务之后，不管是马上可以开始的任务，还是需要一定时间准备的任务，都务必向布置任务的人确认工作已经开始，否则涉及多人甚至多部门的合作，如果你按部就班地收到邮件并按照自己的节奏开展工作，那么对不起，其他人可不知道你在做些什么。

所以，在邮箱里打开你收到的那个任务，并回复所有人你当前的人员安排和时间排期，如果需要一定的准备时间，那么还要请示上级或其他同事这个准备时间是否妥当。

这才是一个任务开展的正常流程，也是按部就班解决问题的第一步。

2.如何处理意料之外的突发情况

上文中的小李之所以会感到困惑，就是因为接线员的工作中碰到了突发情况：客户问到了他不熟悉的问题，而这些问题是他之前没有接触和了解过的。

出现这种突发情况的时候，如果直接甩给其他的同事，那么下一次遇到同样问题，小李依然无法解答。

正确的做法是及时汇报给自己的上级，并同步给其他的同事，那么小李的上级就会在之后的接线员培训中加上相关问题的解答，其他同事也会尽快处理类似问题，减少客户的投诉。

碰到突发情况，自己不主动汇报，最终被客户投诉又觉得不是自己的问题，这种偷懒的思维方式日积月累下来必然会导致公司内部任务的不顺畅，按部就班地结束自己的职场生涯。

3.执行力是解决问题的唯一途径

在突发情况之外，我们日常工作中遇到的大部分问题都是常规性问题，这些问题并不困难，但需要耗费大量的精力和时间去跟进。

我们可以发现项目或者任务出现延迟的原因大部分都是因为人力、物力资源出现脱节而造成的延迟，所以不管是项目负责人，还是其中一个普通的参与者，都应当具备主动推进的主人翁意识，在任务的每个环节主动推进，主动将“脱节”弥补上。

一个按部就班的人，在面对任务时总是处于等待资源的状态，比如小李在面对客户问题时，总是在等待其他同事来帮助自己分担，或者等待上级帮助自己解决问题。

而一个主动推进的人，则时刻在为自己争取资源，主要包括以下几个方面。

（1）项目正常进行时，时刻保持跟进状态，掌握最新的进度。

（2）项目遇到问题时，迅速找到影响进度的关键点，并组织人员进行问题排查和解决。

（3）项目资源出现短缺时，积极争取人力资源和物力资源，通过人员照片、跨部门调用或者社会兼职等渠道解决资源短缺问题；在无法解决的情况下，迅速调整项目规划和时间排期，根据资源的变化进行灵活调整。

做一个主动推进的人，让所有人见识到你的执行力，这才是职场中必备的核心竞争力。

4.主动发现和承担问题

通过以上三个步骤，胜任一份工作应该不成问题，但是仅仅这样就够了吗？

并不是这样。

项目的结束只是上一个问题的解决，但项目的结束会不会带来新的问题，这是需要主动发现和承担的。

还拿上文中的小李打比方，小李通过一段时间的学习总结，给上级领导提交了一份升级版的接线员问答手册，并获得了领导的首肯。

对于小李来说，经常甩锅给其他同事的问题已经告一段落。

但新版的问答手册质量如何？是否节约了所有接线员的工作时间？是否提高了接线员的工作效率呢？

这就是一个主动发现问题和承担问题的过程。小李可以通过走访其他接线员同事，统计客户问题的成功率，统计接线员解答问题的单次时长等手段来验证这个问题的解决效果。

从按部就班地完成任务，到主动发现并承担问题，这样才能更快地解决问题，甚至在问题出现之前就解决掉它。

回到最开始小李的生活，每天在固定的时间上下班，按照公司手册上的话术应付客户，到固定的时间领取薪水，每天都在漫无目的的状态中完成上级布置的任务，这样按部就班的生活方式就是在虚度人生。

一个主动的人，在任务开始的时候就确认自己的工作内容和时间安排，并对可能延期的任务进行说明和确认，积极争取解决问题的各种资源。

一个主动的人，在出现突发情况的时候会通知相关人员，并根据实际情况进行任务的调整或者资源的增加。

一个主动的人，在项目完成之后，对上级做一个效果的总结汇报，整理其中的经验和教训，为接下来的方向和目标提出自己的建议。

这才是解决问题应有的态度。

25.解决一个痛点就能成功

深圳一家建筑设计院发现，在深圳，很多人买房装修的时候都在关心一个问题：小面积房子如何设计出大房子的感觉？

2017年11月，深圳一手住宅的成交均价为54278元，如何花小房子的钱，住出来大房子的感觉，成为购房者和开发商所关心的问题。

于是，这家建筑设计院做了这样一个大胆的尝试：89平方米的房子，4室2厅的户型。

结果，这种户型一上市就受到了众多购房者的追捧，成为名副其实的明星户型。

“痛点”（pain point）是最近几年才流行起来的一个词，它指尚未被满足的，而又被广泛渴望的需求，有些情况下，也直接指代需求。“痛点”的概念最早出现在互联网领域，之后又被引申更广泛的范围。

无论是在哪个领域，关注并解决痛点，一定会给解决痛点的人带来巨大的成功和收益。

比如在电子商务领域，在淘宝出现之前，市场交易成本高和信用缺失是交易双方关注的痛点，但在淘宝和支付宝出现之后，这个用户痛点就被很好地解决了，交易双方可以通过查看对方的好评差评和信用分数来判断信用情况并降低交易成本。

比如在智能手机领域，手机屏幕和电池续航能力就是目前的痛点，广大消费者希望有更大更清晰的屏幕和更长时间的续航，每次市场上出现屏幕更大和待机电池更长的机型时，消费者都会大声叫好。

一个痛点的解决，受益的往往是一个群体的生存状态，比如一线城市小升初的择校问题，比如老年人的医疗保险问题，比如春运期间的火车票问题，这些痛点关乎很多人的切身利益，一旦被解决，必然会带来数量众多的拥护者。

在一年一度被称为“比高考还紧张”的春运抢票战役中，网络购票成为春运抢票的主流形式，除了12306官方渠道抢票，携程、去哪儿、艺龙、智行、高铁管家等平台公司均推出抢票服务，按照抢到票的概率收取不同档次的服务费。一些APP还开通了“预约”功能，即用户预约近两天发售的车票，提前付款，系统会自动刷票下单，极大地方便了人们的春运出行。

一个成功的产品必然能够击中用户的某个或几个痛点，如果用户对一个需求并没有那么强烈的渴望，那么即使开发出来满足这个需求的产品，也不足以吸引用户，因为这个需求本身就不足以称为“痛点”。所以，一个痛点能否被满足决定了产品最终能否成功。

一般来说，满足用户痛点可以通过数据分析法和场景分析法，前者可以通过网络搜索热度或行研材料，根据数据来判断用户的痛点所在；后者则是在具体场景中来分析产品是否能满足用户的痛点。

拿一个常见的场景打比方，现在很多年轻人都喜欢在旅途中用光圈、快门记录下未知世界的一切景色，让自己的身影出现在景色中，但又不想拍照占用旅行太多的时间，想把更多的时间留在风景与体验上。

这就是一个典型的用户痛点：如何在旅途中拍出美美的照片？

如何解决这个用户痛点呢？我们分步骤来看一下。

1.这是否是一个真正的用户痛点？

虽然拍照看起来是个简单的事情，现在大部分人也都买得起单反，但拍照还是有专业和不专业之分，而且出去旅行最关心的还是自己是否出现在风景中。

你可以通过自拍杆或者延迟摄影等功能，或找路人帮忙拍照。

但这两种方法看起来都不是很靠谱，自拍杆拍照下的人脸总是一个模式，而且在游客众多的地方，照片背景里总是会有无数的路人；而找路人拍照，不但会觉得麻烦到其他人，而且拍出来的效果也并不总是令人满意。

所以，如何在旅途中拍出美美的照片就是一个急需满足的用户痛点。

2.如何解决这个痛点？

如果有个当地人做摄影师，所有的问题就迎刃而解了。在旅行的时候，不但可以替你拍照，还可以当你的小导游，提供很多吃喝玩乐的建议。如此一来，既避免了被景区无良商家坑骗的风险，又可以让摄影师帮忙从很多不同的角度去抓拍，从不同的角度认识自己。

但如何找到当地的摄影师呢？来看看豆瓣摄影、旅拍这些产品是如何满足用户的这个痛点的吧。

用户可以在选择旅行目的地和日期之后，选择当地的独立摄影师来为自己服务，不同的摄影师会有不同价位的摄影服务。

对于摄影师来说，他们只需要把作品上传到APP或者网站上供用户挑选，不用自己在同城服务网站上找客户，就会有用户找上门来找自己拍照。

对于旅途中的游客和当地的摄影师，这是一举两得的事情。

3.满足痛点能带来多少收益？

以豆瓣摄影为例，一套北京地区的摄影套餐从1000元到7000元不等，以

1200元套餐为例，会提供300张原片、18张精修、2小时服务时长、2组拍摄、1套服装，并提供化妆服务。

而作为提供摄影师的平台，豆瓣摄影等产品会采取佣金模式进行抽成。

4.解决痛点能否取得成功？

虽然解决一个用户的痛点可以带来一定的收益，但能否成功还要放在整个市场的大环境中去。以旅拍为例，据携程主题游平台“婚纱写真”“旅游婚礼”产品数据看，2017年情人节和2月份，婚礼蜜月旅游预订人数同比增长300%以上，60%选择的是出境游，平均花费达到32000元。以热卖的“巴厘岛阿雅娜婚礼+6天4晚蜜月游”行程为例，享受水上教堂等专业摄影师服务，整体服务收费在2万多元。

如果可以覆盖境内外更多的热门目的地，为用户提供个性化、高品质旅拍产品服务，从一个小小的用户痛点中诞生一家上市公司也不是什么难事。

一根小小的自拍杆引发的用户痛点也可以成为一个成功产品诞生的初衷。而在我们身边，这样的细分场景还有很多，只要能找到一个很细小的市场，放在中国近14亿人口中，也会放大成一个巨大的市场。与其好高骛远地设定不切实际的宏伟目标，不如沉下心来，解决哪怕一个真正的用户痛点。

> 不能指望说要做10亿或多少亿，如果我们当初这样想早就死了。这会左右你每一步动作，接下来你会发现很多细小的事情都不做了，看到服务器有问题也不紧张，老想着10亿100亿怎么搞，那就完了。
>
> ——马化腾

痛点是一点一点解决的，事情也是一点一点做完的，只要可以解决一个痛点，在一个小的方面让用户价值得到体现，就会在保持低成本的前提下获得高收入。在一个点上取得成功，放在整个市场中，就会是一个用户层面上的成功。

26.劳逸结合，掌握工作与休息之间的脉动

一位南美的探险家在寻找古印加帝国的遗迹时，雇用了当地的土著居民作为向导，尽管背着笨重的行李，土著居民依旧健步如飞，连身体健壮的探险家也比不上他们的速度。虽然探险家总是落后，但在时间的压力下，他只能竭尽所能跟着土著前进，前三天都在非常紧促的时间中度过了。

到了第四天清晨，探险家一早醒来，立即催促着土著赶快打点行李上路，不料土著们却不为所动，这令探险家十分恼怒。与向导沟通之后，探险家这才了解到背后的原因：原来土著居民中自古以来便流传着一个神秘的习俗，就是每次拼命地走上三天，就停下来休息一天。向导称："那是为了让我们的灵魂，能够追得上我们赶了三天路的身体。"

全力以赴当然是工作的最佳状态，但是任何人都不是永动机，在经过一段满负荷的工作后，一定要进行休息，让疲惫的身体获得充分的恢复，才能在接下来的工作中获得更加充足的动力。

首先我们要弄明白，劳逸结合的目的是什么，为什么一定要劳逸结合才能更加高效地工作？

一般来说，工作和学习会被认为是高强度的脑力工作，因为在工作和学习中需要人们高度集中注意力，对于脑力和体力的消耗都非常大，所以容易产生疲劳、厌倦和烦躁等负面情绪。如果带着此类负面情绪继续工作，只会是低效率地消耗时间。

在一定时间的工作学习之后，需要通过进食和饮水补充消耗的能量，通过休息补充精力，通过这样的休息活动，来让身体获得更加健康的运行。

很多公司都会给员工提供茶水间等聊天的场所，让员工在一段时间的工作后，去茶水间进行聊天等社交活动，通过与他人的交流来释放情感上的压力。不管是在茶水间打电话、聊聊天，还是下班之后聚餐、看电影或爬山，都是主动放松的办法，有助于我们在工作的时候更加专心和高效。

所以劳逸结合的目的在于让员工更加高效地完成工作，在不对员工造成身心压力的情况下，获得更多的产出，这与努力工作是不矛盾的。

那么，如何在日常生活中达到劳逸结合的效果呢？

1.尽可能从工作本身挤出闲暇时间

（1）从你的老板那里挤时间

每一个老板都不会赞成劳逸结合这种说法，他只会用尽各种办法来压榨你的时间，如果想从老板那里挤出来时间，非常简单的办法就是尽快达到他期望的目的。

老板更加关注的是最终的业绩，对于中间的过程则关心得不是那么多，所以从老板那里挤时间的方法就是干老板想让你干的。

（2）从你的同事那里挤时间

很多时候，工作效率低下的缘故只是没有找到对应的那个人，相信大家在工作中经常会遇到类似的情况：一个问题在很多人之间传来传去，却始终没有找到具体负责的那个人，层级复杂的传递关系严重浪费了时间。

如果你觉得有些事情在自己这里的效率很低，或者有更适合的同事，并不值得自己为它付出自己的工作时间，那么就果断地交给对应的部门同事去完成，而不要贪图功劳或者不放心其他同事。

（3）从自己这里挤时间

我们其中的大部分人其实并没有把所有的精力投入到工作中，这也是常见的“拖延症”，虽然老板给了你两个小时来整理会议纪要，但实际上认真做的话，一个小时就可以完成。

如果在工作中可以投入200%的精力，提高工作效率的同时减短自己的工作时间，那么从这个任务到下一个任务中间，会有一段过渡时间用于休息，这就是从自己这里挤出来的时间。

2.学会拒绝老板的安排

在公司里，老板的角色是一个公司方向的决策者和战略的制定者，更加侧重于管理方向的制定，而并非具体事务的安排，这就经常会出现一种情况：这件事情并不是你应该做的，但是老板却将它安排给了你，你应该怎么办？

大部分人即使心中百般不乐意，在老板面前也会满口答应，这样做到底对不对？

“服从权威”的观念几乎贯穿了人们成长的每个阶段，我们在家里服从家长，在学校服从老师，在公司里服从老板，所以当老板的安排明显错误之时，大部分员工也会因为“服从权威”而选择无条件接受老板的意见。

打个简单的比方，你是做文案编辑的，但老板却让你去做数据统计，如果答应下来，不仅占用了你自己的工作时间，最后交给老板的也不一定是一份合格的成果，这个时候，效率最高的办法就是拒绝老板的安排，但是尽量不要表现出个人情绪，尽可能地避免“不愿意”“能力不行”等负面词语，并在拒绝老板之后给出自己的意见，安排对应的同事去解决相应的问题。

在一个公司里，如果老板让你做职责以外的事情，说明公司的员工职责划分得不清楚；如果员工们不懂得拒绝不合理的安排，那么只会越来越乱，反而大胆地拒绝老板的不合理安排，可以让老板更早地发现自己的错误，从而提高整体工作的效率。

3.确保任务分工的明确性

从上面的例子可以看出，如果要让员工少做无用功，最简单的办法就是在任务分工的时候明确每个人该做什么，什么时候该完成哪些工作。如果我们拿到手里的任务本身就是模糊不清的，那么这项任务在员工手中就只能尽可能多地占用时间，并不断地在员工之间被踢来踢去，到了最终期限的时候也都还在踢皮球。

在员工职责的划分上，尽量明确各自的任务要求和职能范围，明确每个人在一项具体任务中应当承担的责任，就可以减少员工在工作过程当中推卸责任的概率，来促使其更积极有效地完成工作任务，并尽可能多地为自己赚取可供自己自由支配的时间，努力达到工作与生活的平衡。

4.在工作中享受生活

其实很多公司或者团队已经逐渐意识工作和休息之间的矛盾，所以很多公司都将“享受生活”的理念贯串员工的日常工作中。

以Google为例，所有Google的员工都可以享受Google提供的内部健康和医疗保健服务，包括医师服务、脊椎按摩服务、理疗和按摩服务，以及内部健身中心的相关课程。除了医疗保健，Google还给员工提供各式各样的园区咖啡厅和微型厨房，甚至允许带宠物狗上班。有的员工表示，“即便不付工资，我也愿意在这里义务劳动”。

让员工在工作中享受生活的理念也让国内公司很受启发，2017年，京东幼儿园“初然之爱托幼中心”正式开张，托幼中心直接开在京东大厦里，员工可以让宝宝和自己一起过着朝九晚六的生活。幼儿园不仅面向员工子女免费入学，宝宝的奶粉、玩具也都不要钱。

Google最杰出的产品Gmail、Orcut，都是其员工利用休闲时间带来的灵感创造的，模糊了工作和生活的界限，员工往往会自愿加班。

——惠普GDS中国区副总裁　郁珉

无论是带娃，还是带宠物上班，这种让员工在工作中享受生活的方式都是为了让员工能够更安心地工作，提高工作效率。看起来公司付出了一定的成本，但是如果员工像享受生活一样享受工作，那么员工就不用再为接送孩子或者照顾家人而担心，反而可以在工作和生活之间取得平衡。

27.最合适地解决问题，而不是最正确地解决问题

对于解决问题，很多人都有一个误解，那就是付出的时间和精力越多，就越有利于解决问题。

但如果没有找到合适的方法，就算是每天夜以继日地加班加点，可能也无法达到最终的目的。所以与其用工作的时间来衡量自己的能力，不如用解决问题的方法来证明自己。

> 效率是正确地做事，而效益是做了正确的事情。
>
> ——彼得·德鲁克

聪明地工作并不是偷工减料，而是一种工作的思维和技巧，不管是什么工作，都存在更加快捷的途径和更加适合的方法。

所以即使是处理同一件事情，不同人的处理结果也不尽相同，在“买土豆”的经典故事中，有的员工可以跑一次市场就带回来所有数据，而有的员工则需要很多次才能带回来不完整的数据。

现在的人才不仅仅需要有专业知识，只知道埋头苦干就行，而且需要更讲

究做事的方式方法。在公司里也是一样，一个合格的员工对于完成任务需要有自己的想法和规划，以最终目的为导向去完成自己的事情。

随着公司和个人的发展，对于效率和方法的要求会越来越高，用最合适的方法解决问题，用最高效的动作推进项目，是之后个人发展和公司发展的重点。

举一个日常工作中常见的例子，即使在电脑办公的今天，还是有很多公司的员工习惯以手写报告的形式给同事或者上级领导审阅，自以为纸质报告安全且容易保存。这直接导致了很多人办公桌上都是一堆的文件，而这些文件不仅很少被翻阅，而且查找起来特别不方便。

很多人认为这只是工作习惯问题，但这实际上是解决问题的方法不恰当。

华为公司是国内最先普及平板电脑办公的大公司之一，员工在开会和做记录的时候，通常会被要求携带平板电脑进行记录，因为相对于笔记本电脑，平板电脑在绘图和速记方面的优势更加突出。而这些会议记录被同步到邮件或其他办公写作软件之后，在传阅和查找的时候也会更加方便。

与之类似的还有预定会议室，相信不少人还在采用会议室门口填表格的形式预约会议室，遇到重要的会议还需要四处求爷爷告奶奶借会议室。

其实采用钉钉等办公软件，可以很方便地提前预约会议室，并且标上开始时间和使用时间，其他部门就可以有意识地进行错峰避让，避免出现会议室资源紧张的尴尬情况了。

比起解决问题的工具，更多人缺少的是解决问题的思维方式，他们更加愿意用稳妥的方式来做会议纪要和定会议室，而不会选择最合适的方式来解决这些问题。

方法是主动想出来的，主动找方法解决问题的人，才是职场的稀有资源。不管过去还是将来，也不管在国内还是在国外，只要有这样的人出现，他们就像明星一样闪耀，哪怕他们没有刻意去追求机会，机会也会主动找上门来。

数学家高斯在童年时将1至100之间的所有自然数相加求和的故事，大家都听说过，当其他同学都在从1慢慢往后做加法的时候，高斯采用了首尾相加的办法很快地得出了答案。

那些慢慢做加法的同学是不聪明吗？并不是，只不过他们在遇到问题的时候，行事鲁莽而且欠缺考虑。有时候，那些看似正确解决问题的办法，其实并不适合问题本身。

所以要怎样找到最合适的解决问题的办法呢？

1.善假于物

《荀子》的《劝学篇》里曾经说过："假舆马者，非利足也，而致千里；假舟楫者，非能水也，而绝江河。君子生非异也，善假于物也。"

通过上文中的案例也可以看出，在特定的环境下选用合适的做事工具，至少可以保证正在做的事情可以事半功倍地完成。

2.抓住事情的关键

"卤水点豆腐，一物降一物"，有的人会发现自己付出的辛勤汗水并不比别人少，但效果却总没别人好，这时不妨回头想一想，在一些关键步骤上，是不是有做得不到位的地方。

所谓"能工巧匠"，大多数都是抓住了问题的关键因素，并提出了针对性的解决办法，这样既可以减少工作量，又可以高效率地完成任务。

3.找不到合适的办法，那就接受它

一般来说，解决问题的办法一定比问题多，但也不排除个别情况下没有合适的办法解决某个问题，这个时候我们要做的不是逃避或者否认，而是坦然地接受它。

问题是永远解决不完的，但最困难的是不知道如何解决问题。除了认清问

题本身的症结和目的之外，在特定的环境中采用适当的方式方法来解决问题，才能从根本上提高自己思考和解决问题的能力。如果只低头做事而不思考做事的办法，除了把自己累着，并不能取得事半功倍的效果，最后可能忙忙碌碌却没有什么成果。

28.走投无路的时候怎么办

在一次招聘上，面试者面前放了一个有些溃烂的苹果、一些苹果商标和一把水果刀。其中苹果代表了公司形象，要求面试者在10分钟内对苹果做出处理。

这种情景测试并不涉及专业知识的考察，而是考察面试者处理紧急问题的思考方式。

第一批面试者采取的措施是用标签遮住了苹果的溃烂处；第二批面试者用水果刀切掉了苹果的溃烂处；而只有一个面试者交上来的是一个完好无缺的苹果。

面试官对这三种人的点评是这样子的：

这个问题本来就是无解之题，用标签遮住溃烂处的人可以把公司的错误一时遮住，但这种被掩盖的错误会引发更大面积的溃烂，所以这种做法不可取。

第二种人比第一种人要好一点，直接把公司的错误之处全部去除，但这样一来，公司的整体形象也遭到了破坏，被切去一块的苹果也会很快溃烂和萎缩，所以不能算是上策。

而那个交上来一个完好苹果的人，则在面试的有限时间内，从门口的水果店买了一个新苹果。

当一个问题没有办法解决的时候，如果遮遮掩掩和断臂求生都不是最好的办法，那么就重新开始吧！

在日常工作中，我们也经常会遇到这样的情况，我们接到了来自上级或其他同事的任务，却意外地发现没有解决问题的素材，或者已有的素材根本无济于事。而我们也很难从公司内部获取有用的资源。尤其是在跨部门合作或者跨公司合作时，素材的缺乏完全可能让工作陷入僵局，在这种情况下，可以预计到，即使投入更多的时间，可能也无法顺利完成这项工作。

一切的问题都是人的问题，不管多复杂的问题，归根到底一定和人有关。当你在解决一个问题时，就是在改变这些人的工作方式或思维方式，这对于任何一个人来说，都是比较难以接受的。当这些人成为解决问题的拦路虎时，你就要仔细考虑一下应该怎么办了。

上文中处理溃烂苹果的案例，所代表的情况是已经到了走投无路的边缘，此时第一种方式无疑是不可取的，而很多人会在第二种和第三种方式中犹豫不决。

第二种刮骨疗伤的办法可以在一定范围内去除苹果腐烂的部分，但一定会给整个团队和公司带来震荡。在互联网公司，谁掌握流量的分配权，谁就有话语权，这种话语权在阿里和京东体现为店铺排名和权重，在百度体现为搜索排名，而公司高管的腐败则会给企业的整体利益和运营效率带来很大的影响。

但与此同时，高管的离职对于公司而言也是巨大的损失，马云对于这种现象曾经说过："这是我们成长中的痛苦，是我们发展中必须付出的代价，很痛！但我们别无选择。""如果今天我们没有面对现实、勇于担当和刮骨疗伤的勇气，阿里将不再是阿里，坚持102年的梦想和使命就成了一句空话和笑话！"

可以看出，如果不是到了万不得已的地步，公司都不会做出这种无奈的选择。

而第三种从头再来的办法，有的时候实用性不是那么强，毕竟一次整体的部门洗牌之后，新入职的员工需要很长的一段时间去熟悉之前的工作，如果不是到了动摇根基的问题，尽量不要采用这种至刚至猛的疗法。

在实际工作中，即使我们智者千虑，仍然避免不了走投无路的时候，这时还可以试着采用以下几种办法。

1.改变问题的整体地位

与“大事化小小事化了”不同，改变问题在整体项目中的地位涉及资源的重新调配：如果可以找到另外一种途径并取得不低于解决该问题之后可以取得的收益，那么就完全可以绕过这个问题，停止在该问题上持续浪费时间资源和人力资源。

往往这种情况要求员工本人已经准备好不同的预案，在一条路无法走通的情况下，可以迅速地转换方向思路，从其他的角度“条条大道通罗马”。

但这种方法往往伴随着一定的风险，如果在项目开始一段时间之后才试图改变难题的整体地位，那么极有可能让老板扮演“救火员”的角色，并把自己陷于不堪重任的一方。

2.敌变我不变，适当放弃一些问题

如果无法解决整体问题，可以考虑是否解决问题中的一部分。

有的时候，你可能发现问题中的一个突破点，但这个突破点只能解决部分问题，所以并不具备彻底实施的条件。那么就需要在可能性和完整性之间做出取舍。

在面对复杂问题的时候，你必须具备这种抽丝剥茧的能力，从面到线、从线到点地解决问题，那么即使最终没有解决整个问题，也可以把问题的影响范围控制到最小。

如果采取笨办法，则可以适当延长战线，把解决问题的时间拉长。经过一段时间之后，问题可能会出现新的转机，但这种笨办法也容易招致上级和其他同事的不满。

3.先解决人的问题，再解决真正的问题

既然一切的问题都是人的问题，那么有时候，我们需要通过解决人的问题，才能达到最终的目的。

在一些时候，你的计划迟迟推进不下去，或者卡在哪个环节无法执行，很大可能就是影响了某些人的利益。这时候就要找到各方的利益点所在，尽量达成一个双赢的方案。在大公司的对外合作中经常会遇到这种情况，有的人对收益多少有需求，有的人对用户寡众有需求，有的人对公关形象有需求，损害任何一方的利益，都会让整个计划步履维艰。

但如果可以让利益的不同方在你的计划上达成一致，计划的推进自然会让更多人接受。

第六章

当你觉得自己很努力时，其实你的效率并不高

改变思维方式，很多时候就是提升工作的效率和效益。依赖于生活和经验做出的直觉性判断，远不能满足职场中提升工作效率的需求。

29.一周时间让你脱胎换骨

除了每天跟自己公司和行业内的人交流外，如果把你放到一个不同行业之间交流的场合，你将会如何表现呢?

你是会主动与别人分享本行业内的知识观点，并结交不同行业的朋友，散场的时候已经收集了不少牛人的名片；还是只跟本行业内的人讨论一些行业内的问题，担心与其他行业的人没什么话好说，散场的时候发现认识的还是本行业内的老朋友；或者干脆就在角落里玩手机，觉得场上高谈阔论的人看起来不过是混圈子而已，并没有什么实质性的作用。

不管是热衷于混圈子，还是冷眼旁观，这可能跟一个人的性格有关系，但如果把与不同行业的交流作为一种工作方式的话，那么很显然，前者才是我们应该有的工作态度。

一个合格的职场人不会浪费任何一次提高工作技巧的机会，因为他们从最开始就知道自己与不同行业的人谈天说地会获得什么；而那些冷眼旁观或者吹牛侃大山的人，当人群散去，只会发现自己心中空荡荡的，没有什么进步。

人类作为一种群居动物，任何一个人都不可能单独完成一件有意义的事情，我们在家庭、公司、社会等不同场合扮演着自己的角色，当我们处于工作状态时，会把绝大部分精力投入本行业中，而很少与其他行业的人交流。

但不同行业的人可以提供给我们的不仅是人脉，还可以帮助我们拓宽视野，发现更多未知的世界。这些人不仅所从事的行业与我们不同，知识背景、成长环境、人生观价值观都有与我们不同且值得借鉴的地方。与不同行业的人接触哪怕一周的时间，都会令你获得很多行业内看不到的视角，给你带来更多的启发和灵感。

我在结束经管专业的学习之后，一直从事互联网行业的相关工作，但大部分同学都从事了金融投资、会计审计等工作。因为从事的是跟大家完全不同的行业，所以毕业后刚开始几年里，我跟其他同学在工作上的联系并不是特别密切。但随着互联网行业与各行各业的密切结合，很多参与目标公司投资的同学开始通过我来了解互联网行业内的资讯、动态和进展，通过互联网产品的层面了解一家标的公司是否具备投资的潜质。

在金融投资领域，我的很多老同学肯定是专家，但如果要参与互联网公司的投资并购中，势必需要从互联网行业本身入手，单凭纸面上的数据分析是不能得出完整结论的。

而通过与投资圈同学的沟通，我也可以从侧面印证资本市场对于某款互联网产品的认可程度，对下一步的互联网工作也有很大的帮助。

从这个层面来说，双方的交流是互利互惠的，当更多不同行业的人参与讨论中时，会无形之中形成一个良性发展的生态圈，帮助更多的人获得新视角。

不仅是在职场生活中，在日常生活中也是如此。近年很多城市出现了线上线下同步形式的读书会，书迷们通过互联网搭桥，以书会友，组成各行各业参与的读书群体，通过与不同行业的人交流、分享，了解不同人群对于同一本书的不同感悟。以樊登读书会为例，截至2017年，樊登读书会已在中国境内成立15个省级分会，涵盖不同行业超过180万的会员。

那么，如何才能借助行业之外的力量，让他人帮助自己提高思考能力呢?

1.每周都与不同行业的人进行对话

有人觉得每周五天的工作日已经耗费了自己大部分的精力，如果在周末参加一些活动会减少自己的休息时间。其实不然，正是因为每周五天的工作日已经让你的眼界限制在一个很小的范围内，长此以往，处理问题的视野必然会受到限制。

如果每周抽出来一点时间参加线上或者线下的沙龙活动，和行业之外的各种大咖小咖互相聊聊天，知道的事情多了，对自己处理问题的能力也会有提高。

2.通过平台或熟人获取交流的机会

现在极客公园、创客空间、腾讯大讲堂等平台都可以提供线下沙龙的消息，以凤凰网的“趋·势沙龙”为例，每期邀请业内投资人、创业者、业内专家、评论员、业界媒体等作为嘉宾，为所有互联网从业者提供未来发展趋势和商业模式的探讨，在移动互联网兴起的初期发挥了很重要的作用。

除此之外，还可以通过朋友组织类似的交流活动，以人际关系网为基础的活动会让你更加快速地融入不同的人群，也可以提高获取信息的效率。

3.取得工作和跨行业交流的平衡

不管是在社交平台或者公开媒体上对一些行业外的大咖产生兴趣，还是熟人介绍的，这类的交流务必要避免陷入闲聊的误区，如果是单纯的闲聊，那就完全没有必要耗费自己的闲暇时间来参加此类活动了。

所以在决定参加线下聚会之前，最好可以对希望见到的人和希望解决的问题有一个心理预期，这样可以提前安排好自己的时间，也可以将类似的活动周期化和正规化。虽然每周抽出来时间去跟其他人交流并不能代替本职工作，但经常参加类似的活动，势必会让自己受益匪浅。

30.先磨斧头，还是先锯木头

有个年轻的伐木工人进入森林开始伐木的工作，第一天他就超额完成了10棵树的任务。第二天，他一样努力地工作，甚至比第1天工作更努力，但是只砍了8棵树。等到第三天之后，虽然他每天都在努力地工作，但他每天砍的树木都在逐渐减少。有一位老工人看到他辛苦的样子，提醒他："你为什么不停下来磨一磨斧头呢？"他回答："没时间，我正忙着砍树呢！"

在上面的案例中，砍木头就是我们在日常工作中所要解决的问题，而斧头就是我们在解决问题时所具备的工作能力和工作方法。

《论语·卫灵公》中说："工欲善其事，必先利其器。"在职场中如果想取得好的成绩，就必须要具备过硬的工作能力，在"砍木头"之前做好完全的准备，把各方面的能力都提上来，等到适合自己的时机出现后，就可以牢牢地把握机会。

职场中有这样一个现象，虽然每年公司都会招聘很多新人，这些人也都具备良好的教育背景和实习经历，但老人们在部门中的地位一般很难动摇，处理问题的效率也要高很多。

随着工作经验的丰富，老员工在面对问题时会更加自信，不会像刚进入职场的人一样瞻前顾后，但这并不是老员工可以生存下去的根本原因，丰富的经验固然可以让职场老人在处理事情时更加娴熟，但根本原因在于，他们在不断处理问题的时候，已经知道怎样磨出一把锋利的斧头。相对于新加入公司的人而言，老员工可能在学历背景上不占优势，但是他们处理的问题足够多，工作能力和工作思路要高上不止一个等级，这才是职场立命的关键。

就像案例中年轻的伐木工人一样，很多人只关注正在做的事情，而并不关注科学合理的方法和工具，所以也不一定能达到所期望的目标效果。

因此，在进入职场的大森林之前，一定要明白一件事情：带上一把足够锋利的斧头，如果这把斧头钝了，那就及时地磨亮它。

砍木头的效率日益低下，那很大概率是斧头本身出了问题，工作效率日益低下，那很大概率就是工作方法出了问题。所以在职场中最重要的不是工作经验，而是正确的工作方法。

无论工作有多么复杂，总会有适合的办法达到最佳效果，一般来说，这些办法都需要经过前人的验证或者大家的一致认可。

以日常工作中常用的思维导图为例，很多人在进入职场之前并不熟悉思维导图的用法，或者说没有太多机会用得到，但不管从事什么职业，思维导图都是职场中最常用的“斧头”之一。

在使用专业的思维导图软件（如Xmind）之前，其实可以先用草图画出来，只需要准备一张纸和签字笔，就可以开始思维导图的制作了。

1.画出思维导图的中心图

在A4纸中间画出需要解决的问题，比如马上需要完成的项目和年度总结等。不用太具体，但需要让看这张图的人明白是要解决什么问题。

2.画出思维导图的主要分支

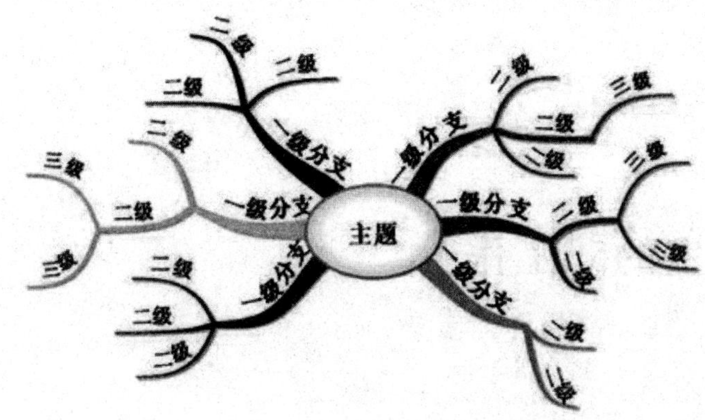

思维导图

从中心图发散出来思维导图的主要分支，如果有不同颜色的记号笔，还可以用不同的颜色标注出不同阶段或者不同方面的事项。

例如要制作项目的脑图，则可以标注出项目在不同阶段需要完成的事情，从那个项目立项招标一直到项目验收竣工，当列出来主要分支之后，你会发现之前千头万绪的工作一下子变得非常清晰，其中需要注意的一些事情也可以以关键词的形式写在A4纸上。

3.扩展并完成全部思维导图

有了主要分支，这只是梳理了问题的主要脉络，不能算完成一张完整的思维导图。接下来要在主要分支之后继续分解，将主要分支分解成更加细小的部分。

在这个过程中，还可以继续添加关键词，直到把中心图衍生出来的主要分支全部填充完毕，才算完成一张完整的思维导图。

从如何做思维导图这个简单的例子，我们可以看出，在做一件具体的事情之前，如果有一种科学的工作方法可以指导接下来的工作，那么工作效率就会大大提高。

31.办公室的5S工作法

很多人每天上班后的第一件事情就是收拾自己的办公桌，把前一天完成的工作归档，把当天要做的工作列出来，不管是领导同事还是自己，看着干净整洁的办公桌都会心情愉悦。另一方面，如果桌子上的东西摆放得井井有条，找材料也会非常方便，而如果凌乱不堪，东西到处翻不着，工作效率也会随之骤降。

对于工作中常用的文件，摆放在随手可以拿到的地方，当然会提高工作效率；对于没用的文件和短期之内用不到的文件，也可以扫描成电子文档存放在电脑里，不仅方便整理，也不容易丢失。

大家一定都经历过这样的问题，买了很多纸质书，大小会议也做了很多会议记录，但是每本书都是拆封之后翻了几页，而会议记录每记满一本就会丢掉。对于很多人来说，这些没看的书和会议纪要都是没有用的。如果把这些没用的书和资料收起来放到电脑或者抽屉里，只在办公桌上留下必要的东西，你会发现不仅是整张办公桌一下子干净很多，而且连自己的思路都变得开阔起来。

当电脑成为办公室的必备工具之后，很多人就把办公桌的杂乱搬到了电脑桌面上，不管是从邮件中下载的附件，还是从网络上下载的文件，都会顺手存放在桌面上，过不了半个月，电脑桌面上都是密密麻麻的各种文件，很多文件连一个可以辨认的名称都没有，很多已经是没有使用价值的了。

如果不对这些文件加以整理的话，等到真正需要查询资料的时候，几乎很难找到其在哪个文件夹里，在无形之中又增加了自己的工作量。

如果不在整理文件资料上花费时间，那么在寻找文件资料上就会花费几倍的时间。

如果不将那些没用的文件资料早点丢掉，那么它们会成为你寻找有用资料路上的绊脚石。

整理自己的文件资料归根到底是为了提高工作效率，不会整理文件资料的人，工作效率也不会高到哪里去。

如果把整理的范围扩大到整个部门和公司，可以发现一个很有趣的现象。

三流公司的员工不懂得整理，每个人都对乱放东西习以为常。

二流公司的员工同样不自己整理，而是由专门的人员来负责整理办公区域的工作。

而一流公司的员工，会自觉维护办公环境的整洁，每个人都会将自己的工位收拾得井井有条。

这里向大家推荐“办公室5S工作法”，5S工作法是职场中维持与改善职场办公环境的工作方法，5个S（下方括号中的字母为日语罗马字）分别代指：

整理（Seiri）：分清哪些物品有用，哪些物品没用，扔掉没用的。

整顿（Seiton）：能将必要的物品在必要的时间拿出必要的量。

清扫（Seisou）：打扫干净，日常使用的物品做到一尘不染。

清洁（Seiketsu）：保持上述整理、整顿、清扫的状态。

素养（Shitsuke）：督促其他人遵守整理、整顿、清扫的规则。

办公室5S工作法被众多跨国公司大力推广，并在提高工作效率方面取得了不俗的效果，主要分为五个步骤。

1.整理：区分有用和没用的东西，并把没用的东西扔掉

这一部分的难点主要在于如何区分有用和没用的东西，在判断某一件物品在将来一段时间是否有用时，谁都无法做出明确的回答。

5S工作法建议可以设定一个具体的期限，比如3个月或者半年，如果过了这个具体期限，这件物品还没有派上用场，那么毫无意外，这件物品对你来说已经没用了。

2.把有用的东西进行二次整顿

即使把没用的东西扔掉，依然不能保证能很快地找到想要的东西，这个时候要做的事情就是把有用的东西进行二次整顿，比如把笔记本和计算器等常用的东西放在伸手就能拿到的地方，用便签把所有的文件夹贴上标志。

这样，不管是谁来找对应的资料，都可以在最短时间之内找到需要的资料，无形之中提高了自己在办公室内的工作效率。

3.用“清扫”避免破窗效应的蔓延

破窗效应（Broken windows theory）本来是犯罪学的一个理论，但也常被应用在工作效率的说明中，破窗效应认为环境中的不良现象如果被放任存在，会诱使人们仿效，甚至变本加厉。

如果一栋楼上有一些窗不被修理好，可能将会有人破坏更多的窗户，最终整栋楼的窗户都会被破坏掉。

如果一面墙上有一些涂鸦没有清洗，很快墙上就会布满各种乱七八糟的东西。

如果一条马路上有些垃圾没有清理，不久后就会有更多垃圾，最终人们会理所当然地将垃圾顺手丢弃在地上。

同理，一个办公室，如果有很多杂物或垃圾没有被及时清理掉，很快办公

室的整体清洁水平会迅速下降，而办公室整洁水平的下降必然会影响员工的工作效率。

通过每天的清扫工作，除了让视觉感官更加舒服之外，还可以提高个人的工作集中力，因为你所能看到的只有与工作有关的东西，那些没有用的东西已经被清理掉了。

如果你的文件资料都是随意地堆放在桌子上，那么出现了什么变化，连你自己都不会发掘，但如果清扫之后，整个办公室是一个有序的状态，那么你也会入乡随俗地把自己的桌子布置得很整齐。

4.你可以不西装革履，但你的T恤必须很清洁

日常生活中的“邋遢”可以认为是某个人在生活中懒散无度，不爱收拾整理。而工作中的“邋遢”则指某些人认为收拾自己或者办公环境是在浪费时间，他们宁可把时间浪费在玩手机游戏上，也不愿意让自己的仪容看起来更整洁一点。

所以办公室5S工作法的第四个“S”就是指让上面三个“S”可以长期保持下去，至少为自己制定一定的标准，可以按时清理整顿，如果只是心血来潮地完成了前三个“S”，没几天又故态复萌，5S工作法就没有任何意义了。

5.素养才能习惯成自然

5S中最难实行的就是“素养”，与公司中的规章制度相类似，在最开始执行的时候，大家都会竭尽全力地去维持，但随着时间的推移，很多工作方式就会无法继续推行下去，比如部门要求每周进行一次办公室的卫生检查，最开始的时候大家都会热火朝天地行动起来，但过不了几周，很多人都会忘记这件事情。

究其原因，是因为即使达成了第四个“S”，大家也对完成5S工作法的必要性没有明确的认识，这时候，如果管理者可以以身作则进行示范，并且设置部门奖励机制的话，前面四部分的工作才能够真正落到实处。

32.不吃大锅饭，以20%拉动80%

自从Google的AlphaGo击败柯洁之后，关于人工智能的话题一直为人们所关注。不可否认的是，随着人工智能科技的发展，很多机械化和自动化的工作都会逐渐被机器所代替，这就意味着需要人力工作的地方更少了。

2017年的双十一，阿里巴巴的人工智能“鲁班”完成了4亿张人工智能海报，假设每张图需要耗时20分钟，如此之多的海报需要100个设计师连续做300年，但在人工智能的帮助下，这项工作的效率提高了何止成千上万倍。

在不久的将来，工厂将会使用更多的机器人，而减少工人的用量，在减少成本支出的同时，也会大幅度提高工作效率。

李开复老师认为，图像识别、语音识别方面，机器的识别率已超越人的识别率，这意味着那些主要靠“听”和“看”吃饭的人要被机器取代。比如“看脸”作为核心工作的保安；比如那些靠“听”吃饭的人——客服、翻译。

每个领域人工智能都有可能对传统公司产生颠覆，每产生一个有价值的机器人，一个人、一个群体就会失业，这对社会影响非常大。10到15年之后，世界上90%的工作，也许50%的人类可能都要面临工作部分或全部被取代。

——李开复

那么问题来了，如何才能让自己在这个时代里不被淘汰呢？

不管在生活还是职场中，最优秀或者最重要的人永远只占其中的一小部分，大概20%，其余的80%虽然是大多数，却也是不重要的，这也被称为二八法则，最初是由19世纪末20世纪初意大利经济学家巴莱多提出的。

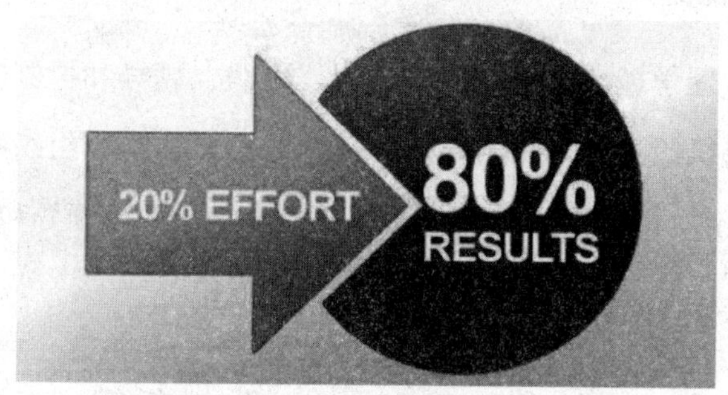

二八法则

比如在公司里，20%的项目可以带来80%的收益；在市场上，20%的公司可以控制80%的市场份额；在职场中，20%的员工是最优秀的那一部分。

摩托罗拉公司认为，在100名员工中，前面25名是好的，后面25名差一些，所以对于后25人，要给他们提供发展的机会，对于前25名，要设法保持他们的激情，因为这25个人才是公司最关键的人才。

但在每个公司中，除了最优秀的那20%，其余的80%基本处于按时上下班按时领工资的状态，每天干完领导安排的事情之后，就对着电脑发呆或者捧着手机刷朋友圈，这些人加起来才能创造20%的成果，一旦公司进行精简和裁员，首当其冲的就是这80%的人。

那么，在一个团队里，究竟怎样才能成为拉动团队的20%呢？

1.自学能力

在职场中遇到的问题很多都是之前的知识所无法解决的，所谓解决问题的能力就是自学能力。

当遇到新问题时，从哪些角度出发进行问题分析，需要哪些知识储备作为解决问题的根据，进入职场并不是学习的终点，而是新学习的开始，如果你是做项目的，那么涉及项目的各个环节，不仅需要你把控时间进度和人员安排，对于资金管理、产品管理、产品验收和市场推广等各方面的知识，都需要有一定涉猎。

2.计划组织能力

罗宾斯的管理学理论指出管理有计划、组织、领导和控制四类基本职能。其中计划指设定组织的目标和实现这一目标的整体战略，组织指要完成什么样的任务，谁来决策，谁去完成，谁向谁报告。接下来才是领导和控制。

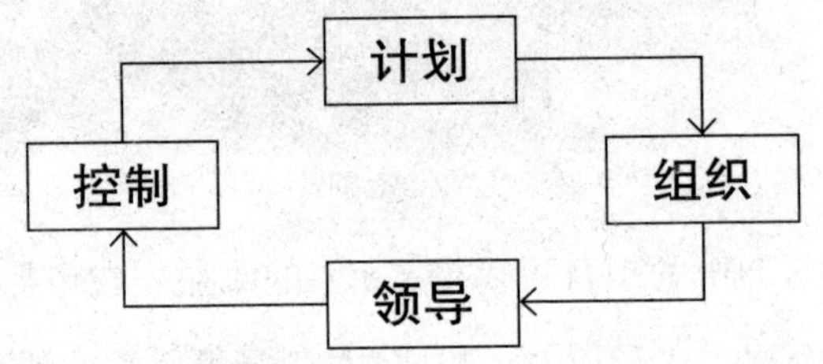

罗斯宾管理学基本职能

好的计划组织可以帮助个人和团队确定在一定时期内的奋斗目标，并有效利用人力、物力、财力等资源，协调安排好各项活动，最终取得最佳的工作效益。

缺乏计划组织或者不合理的计划组织，都会影响个人和团队的工作效率，进而损害公司的业绩。

霍尼韦尔公司为了提高产品设计开发的效率，在公司内部对开发过程进行了重组，成立了由市场营销、工程人员和设计人员组成的“威虎团队”。

结果，新的组织结构使新型的自动调温器的设计开发时间从4年降低到12个月。这一新的组织形式引起了业内的良好反响，许多公司都效仿霍尼韦尔公司的做法，设立了可以承担更多自我管理责任的团队。

3.执行力

执行力很大程度决定着你在职场中的立足之地，也是体现工作效率的地方，连执行都做不好的人，更别提效率了。

在接到一项任务之后，可以迅速制定明确、具体的可执行动作。比如在“买土豆”的经典案例中，最体现执行力的方法就是调研市场上所有卖土豆的商家，并初步完成价格的商定，如果有必要的话，还可以把商家带到公司来进行进一步的决策。

这样只需要去一次市场，就可以完成绝大部分工作，接下来的工作就是敲定价格和订货了。

当然了，这其中可能会遇到一些麻烦，比如市场太远，或者商家不愿意送货，这个时候需要主动思考问题应当如何解决，是否有可以选择的几种方案，而不是打退堂鼓，或者直接找老板解决。

4.责任心

要成为20%的员工，自然需要有很强的责任心，其实职场上的同事工作能力的差距并不是太大，更重要的是责任心。

责任心保证绩效，也能保证一个人的效率，在工作中如果没有责任心，那么对待工作一定会马马虎虎不放在心上，而有责任心的人则会主动激发自身潜力，更高效率地完成分内工作。

对于整个团队是这样，工作思维方面也是这样，在工作任务中，起关键作用的永远只是那20%的事情，而大部分的事情都对整个问题起不到决定性的作用，所以要解决问题，就需要先解决那关键的20%，然后剩下的80%也就迎刃而解了。

看看我们身边的工作达人，他们不但要在外面跑业务做宣传，还要在办公室处理数据和邮件，虽然每天他们在办公室待着的时间只有三四个小时，但是这三四个小时的效率却非常之高。

很明显，在时间有限的情况下，想要完成更多的任务，就必须从最关键的地方下手，尽量避免那些不重要的事情分散自己的精力。

但实际上，大部分人都不明白这个工作的诀窍，反而把大量的时间花费在无关紧要的80%上。自从阿里巴巴提出“996工作制度”后，这似乎成了互联网行业的标配，但据调查显示，多数职场人员认为加班的潜台词就是“效率低下”。

2015年，韩国三星正式实行弹性工作制。除生产部门的工人外，三星电子内所有员工都可在协调好部门及个人工作的前提下自行调节工作时间；每天工作4小时以上，每周工作满40个小时即可。

三星负责人称，此次制度改革是为了让员工能够自由分配时间，在工作的同时兼顾育儿等个人生活。公司希望员工能够通过自由掌控工作时间，更加集中精力工作，激发创造力，从而提高工作效率及工作满意度。

三星的这种做法就是主动激发员工去解决20%的关键问题，把所有的精力集中在需要解决的20%上，而不是为了剩下的80%无意义地加班。

很多团队一边嚷嚷着工作效率低，一边把团队成员12小时拴在公司磨洋工，他们认为少休息就能多干活，工作时间越长，产出效果越显著，这种错误的思维直接导致了员工“上班不干活，下班才加班”的怪象产生。

甚至有些公司催生了朋友圈“晒加班”的现象，这其实是一种很荒诞的行为：老板让员工领着工资，浪费着水电费和空调费，然后还会为这种效率低下的加班行为而感动。

如果每周都处于加班工作的状态，依旧无法按时完成工作，那么只有两种情况：第一种是由于工作安排不合理，超出了个人的工作能力；第二种就是工作效率低下，没有找到问题的关键，对于这种情况，最好的办法就是下班回家去休息。

工作是永远做不完的，如果总是在这种紧张的状态下开展工作，每时每刻都是deadline（截止日期），每封邮件里都会出现你的邮箱地址，那么很难找出那20%在哪里，找不到关键问题所在，工作停滞不前也就顺理成章了。

这个时候，请拒绝“加班文化”的潜规则，按照“二八法则”找出问题的关键在哪里，然后再解决它们。

33.不要为芝麻绿豆的琐事牺牲时间

非洲草原上有一种吸血蝙蝠，它靠吸食草原动物的鲜血而生，虽然个头很小，却是野马的天敌。在攻击野马时，它附在马腿上，用牙齿刺破野马腿部，紧紧附着在野马身上，吸饱吸足后才离开。

而野马在遭受蝙蝠的攻击后，往往会陷入暴躁和狂怒的状态，最终因为狂奔和流血筋疲力尽而死亡。

其实，对于野马来说，吸血蝙蝠所吸的血量远不足以让野马死去，真正让野马死去的原因是它在遭遇蝙蝠攻击之后暴怒引发的狂奔。

在日常工作和生活中也是一样，常常压倒我们的并不是那些非常困难的问题，而是芝麻绿豆大小的琐事，而很多人的时间就被耗费在这些芝麻绿豆的琐事中，日复一日无法挣脱，等到回头看的时候，才发现自己完全没有取得什么成果。

对于那些对解决问题没什么帮助，又会占用太多时间的事情，必须通过各种手段解决或者放弃，否则不但会让我们疲于奔命，而且也得不到任何实质性的进展。

在职场中，很多人的一天大概是这么度过的：早上打开邮箱回复邮件，还没处理完的时候，就有同事来邀请参加会议，刚散会又会接到电话，等把电话里的事情处理完，坐到电脑面前，发现邮箱里又来了一堆新的邮件。

这样忙忙碌碌的事情每天都在上演，但是这些琐事真的值得我们付出如此之多的时间和精力吗?

数据显示：我们每天所做的事情中，有80%都属于事务性的事情，这些事情对于一个问题的解决并不能起到帮助的作用。

近年来职场上流行一个词语叫“撕×”，很多人因为工作中的一点小事就开始互相揭短争吵不休：对于领导和同事的某些话会字斟句酌地推敲，对于自己的些许得失会放大很多倍来看，对于流言蜚语更是捕风捉影，这些琐事本身就是影响工作效率的毒药，如果过分地关注工作以外的事情，那么只能是庸人自扰。

对于接踵而至的琐事，其实事后想起来，并没有什么大不了，如同草原上的野马一样，我们只是被吸血蝙蝠叮了一下，就把所有的注意力都放在了无关紧要的事情上，自己给自己制造了太多不必要的麻烦。

但如果可以把注意力从这些琐事上转移，而专注于完成任务和目标，那么从工作中得到的成就感要比从琐事中得到的焦躁感好得多。

我们常常为了一些应当迅速忘掉的微不足道的小事所干扰而失去理智，我们活在这个世界上只有几十个年头，然而我们却为纠缠无聊琐事而白白浪费了许多宝贵时光。

——莫鲁瓦

所以对待这些琐事的态度应该是相对比较灵活的，不能让这些琐事绊住自己前进的步伐，也不能完全不处理这些烦人的琐事，而是应该当琐事的主人，当它们成为解决主要问题的绊脚石时，不要被它们吸引太多的注意力。

对于一时之间的小问题，尽量不要太过纠结；对于空穴来风的事情，也不要过于引申猜想；对于上级和同事的一些话，也尽量做到按字面意思理解，而不要觉得有人在针对你；对于太多跟自己无关的事情，试着说“不”，并把大部分精力投入到重要的事情上去。

当你把工作做好了，自然不用去理会别人的看法和那些闲言碎语。

1.按照计划走，谋定而后动

如果想做到不被琐事牵着鼻子走，就要在做事之前准备好计划安排。

如果没有计划，按照随时出现的事情来安排自己一天的时间，可能一整天的时间就在无所事事地回邮件和开会中度过了，至于重要的事情？可能因为时间的先后顺序被排到末位了。

计划的目标就是确保重要的事情不被芝麻绿豆的事情所耽误，这样才能更大程度地扫清障碍。

2.集中解决事务性的琐事

琐事之所以会耽误我们很多时间，其关键因素在于它把我们的工作切分成了很多不连续的部分，在每一次切换工作时，都要消耗一定的切换时间，这样积累起来就是很多的一部分时间。

早上整理文件到一半的时候，快递员打来电话让去楼下取快递；回来工作了没多会儿，旁边的同事聚在一起聊天，你又忍不住参与进去；等聊天结束之后，几乎已经不记得自己在做什么了，这个时候又到了吃午饭的时候，打开手机上的APP看看中午吃什么。一上午的时间就这么匆匆地过去了。

你是否也有过这样的经历，可能自我感觉也非常忙碌，但确实没有什么工作成果。

这些琐事让我们的工作效率大打折扣，如果把这些事务性的琐事集中处理，比如用半小时的时间把快递、订餐等琐事全部处理，那么我们将会有一整段的时间来处理重要的事情，工作效率也会提高很多。

3.对不必要的琐事说“不”

在中国人的传统观念中，普遍认为拒绝别人是一件很得罪人的事情，一次拒绝可能让双方的关系直接降到冰点，所以很多人宁可委屈自己，也不愿意说出心中的那个“NO”。

但是，你违心接受的那些任务真的对工作有帮助吗？它们可能占用了你大量的时间和精力，但对你没有丝毫的用处。

很多人抱怨自己每天要做的事情太多，没有办法专心致志地完成自己的本职工作，究其原因，就是接受了太多办公室内的事务性工作，在接受这些琐事的时候就根本没有想明白是否有足够的能力，一旦接受之后，又陷入了“做不完又不得不做，没能力做又不好意思拒绝”的怪圈。

所以当下一次这些琐事递到你面前的时候，你要做的就是勇敢地拒绝它。

只有这样做，才能把那些占用自己宝贵时间的琐事从根本上去掉，这当然会让一些人感到尴尬，但这一次的尴尬会让你的工作效率升上去一个台阶。

职场中的拒绝也是一种技巧，既不能让对方看出来你不愿意接受这些琐事，也得让对方明白自己目前没有时间和精力来处理它们，尽量采取委婉的方式，避免生硬地拒绝。

很多人都觉得这些芝麻绿豆的事情很好处理，不用太放在心上，但其实不然，如果不减少这些琐事在工作中所占的比例，那么你的大部分时间都会毫无意义地耗费掉。

反之，如果我们可以用80%的时间去处理关键问题，而只用20%的时间处理不重要的琐事，那么才能在工作中真正地发挥自己的所学所长，而不会像非洲草原上的野马一样天天处于狂躁的状态。

34.马云：先做最容易、最快乐的事

大家一定听说过“把冰箱卖到北极”和“把梳子卖给和尚”之类的故事，这些故事让喜欢挑战的人津津乐道。

但是你可曾想过，这些不着边际的事情可否算作成功的典范，还是只是励志的故事？

安妮·穆尔卡希在成为美国施乐公司总裁之前，曾经在一家复印机公司担任销售员，比起其他销售员，安妮一直秉承一条原则：把所有的精力都用来做最容易成功的事情，而不去做那些云里雾里，但对公司却没什么帮助的事情。

在她看来，衡量成功的标准并不是花费大量的时间去完成一件匪夷所思的事情，而是在最短的时间内达成既定的目标。

如果可以顺利地签下一笔冰箱的大单子，比把冰箱卖到北极要强很多倍，毕竟前者才是维持公司发展的唯一动力，而后者在短期之内看不到太高的发展潜力。

安妮·穆尔卡希说：“我的成功就是用最短的时间，做更多最容易的事情！”

在职场中，很多人都秉承先难后易的工作方法，先解决困难的事情，抽空去完成那些看起来很简单的事情。

但谁也无法保证一定可以把困难的问题顺利解决掉，很有可能在困难的问题上投入了大量的资源之后，最终一事无成，而这个时候也没有足够的资源去解决那些比较容易的问题。

更重要的是，这种挫败感会给个人和团队带来灭顶之灾，在投入大量精力之后的失败会把整个团队带入万劫不复之地。

如果要顺利打开工作局面，不妨可以试试从简单的事情入手，在顺利解决掉一个问题之后，可以让团队的士气得到很大的振奋，方便之后工作的开展。

这样的案例在体育界更加常见，运动员在进行跑步训练时，都是采取先易后难的策略，刚开始轻松进入跑步状态，然后逐渐加强难度，先通过慢跑热身10分钟，然后每次的跑步距离都相应加长，最终达到从短距离跑步到长距离跑步的进步。

在职场中则更常见于老员工与新员工的分工，在每个新员工进入公司之后，安排给这些新员工的一般都是容易上手的任务，等他们可以顺利完成这些任务，也逐渐掌握了做事的办法流程，树立起解决问题的信心，才会给他们安排更加重要的任务。如果一上来就安排困难的事情给他们，可能只会得不偿失。

无论做什么事情，都要讲究循序渐进，对于个人是这样，对于公司也是如此。许多企业的倒闭往往都是盲目扩张的结果，领导者把太多的精力放在了难以企及的事情上，而忘记了最容易实现的事情才是安身立命的根本。

不管是创业还是守成，首先要做的就是最容易最快乐的事情，而不是要去做最重要最难的事情，只有把最容易、最快乐的事情做到最好，才有可能在竞争市场中活下来。

等到有足够的资本去思考更难的事情时，也就意味着有了足够的信心和经验去处理更加困难的事情。

成功从来都不是一蹴而就，它需要我们为之付出艰辛的工作，也需要我们经历一个从易到难的过程。在碰到困难问题时，也不要过于勉强自己，试着做一些容易和快乐的事情，对自己的工作状态进行新的调整，保持完成任务的信心和乐观态度，对于完成整个任务是有积极作用的。

马云对于这件事情的看法是这样的：**“先做最容易、最快乐的事情，而不是要去做最重要、最难的事情。”**

他的这句话更加适用于在淘宝上开店的无数卖家，如果有能力卖更多品类的商品自然是最好，如果没有足够的精力，不如先耕好自己的一亩三分地，把最容易的那部分工作完成，一样也可以打造一家很出色的淘宝店。

“天下难事必作于易，天下大事必作于细。”如果要完成最困难的任务，就需要从最容易的事情开始；如果要完成最伟大的目标，则需要一点一滴地积累努力，这也是职场中颠扑不破的真理。

35.如何把出差当作一次旅行

“出差”本身就是一件很让人烦恼的事情，经常出差会给大家带来很多心理上的烦恼。

与旅游不同，出差时总是处于一个不稳定的生活状态，而且带着任务出行，会滋生一些焦虑和压抑的情绪，在这种情绪的干扰下，出差成为很多人避之不及的事情。

最可怕的是，这种情绪会让处于出差中的很多负面情绪无限放大。

拎着行李箱去飞机场，路上堵车的时间超过五分钟就觉得过了几小时。

出差的酒店有一点噪声就整晚睡不着。

吃饭的时候饭菜如果不合口，就会抱怨出差的餐饮不是自己喜欢的。

在沟通项目任务的时候，碰到不如意的事情就会觉得非常受挫，没有继续的动力。

职场新人在最开始会觉得出差比较新鲜，但出差次数多了之后，就会发现出差远不如在办公室里工作，因为面临的任务没有变化，但办公环境等客观条件都会带来很多的不适应感，这才是出差成为烦恼的主要原因。

但其实如果做好规划，在出差途中的情绪问题都可以得到一定程度的缓解。最简单的办法就是在工作的闲暇去出差的城市散散心，品尝当地的美食，在工作之余保持一个舒适的心态。如果在当地有朋友，在陌生城市里的寂寞感就更容易减轻了。这当然不是鼓励把出差完全当作一次旅行，而是这种旅行的心态可以让你对工作没有那么抵触，而且也增加了与不同人群和事物交流的机会，这些都有可能在之后给自己的工作带来帮助。

如果需要长期驻外工作，那么一次短途旅行就变成了长途旅行，带来的负面情绪也会更加严重，如果不及时通过各种途径排遣的话，会给个人和工作都带来很大的困扰。很多人在长期出差中，总会把没完成的任务放在第一位，不管是在宾馆还是办公场所，都保持24小时待命的紧张状态，这种状态对于精神和注意力的消耗非常严重。如果与驻地的同事们多一些互动，一起去附近散散步喝杯饮料，顺便聊聊工作，也可以从繁忙的工作环境中短暂地抽离开来，对于缓解长期的出差压力也不失为一种不错的办法。

此外，还有一个最简单的办法——看书。带一本喜欢的书会让整个旅途都变得充实而惬意，不管是在等待飞机起飞，还是等待飞机降落，一本书可以帮助你短暂地脱离出差带来的焦虑和烦躁。如果你觉得带纸质书太麻烦，可以提前在Kindle里准备好想要阅读的书籍，或者在iPad上订阅一些经济类和社会类的电子书栏目，只需要几十块钱，就可以弥补平时没有时间进行长时间阅读的遗憾，还可以让出差的时光变得丰富多彩起来。

专业的职场人士在每次出差之前，都会按照一个固定的清单来整理物品，以防出现忘带重要物品的情况。

办公类：笔记本电脑、计算器、便签本，以及可能用到的翻页笔等。

生活用品类：牙具、毛巾，女同事一般会用化妆包把自己用得到的化妆品装在一起，男同事则别忘了带剃须刀之类的用品。

服饰类：一般短期的出差只需要准备一套便装就可以，如果是长期的出差，则需要根据目的地的天气进行衣物的准备。如果飞机上不提供毛毯等服务，还需要根据自身情况进行保暖衣物的准备。

电子用品：不管是Kindle还是iPad，都已经成为出差的标配，在漫长且没有手机的旅途中带来一定的乐趣。

当然了，很多人还有其他的需求，比如有人睡眠会比较浅，耳塞和眼罩就是出差的必需品；有的人在异地会水土不服，则需要准备一些消化系统的药品。

做好这些准备之后，在出差之前就可以按照这个清单一项一项地进行对比整理，避免出发在即才发现遗漏了重要的东西。

而这个清单也可以降低我们在出差前的焦虑感，暗示自己对于这次出差已经做好了充分的准备，并且能够正常开展工作。

36.实习生也能成为大佬

2017年，搜狗在纽交所挂牌上市，在这场长达14年的上市过程中，王小川从一个实习生做起，也凭借一批实习生打下了江山。

1999年，王小川进入ChinaRen开始实习工作。

王小川最开始在加入搜狐的时候只是实习生的身份。2000年，搜狐收购ChinaRen，王小川又以实习生的身份加入搜狐。等到他从研究生毕业后，才正式成为搜狐研发中心高级技术经理。

当时张朝阳给他的第一个任务就是："给你六个人头，咱们把百度灭掉。"

因为预算有限，王小川只能用6个全职员工的薪酬招了12个实习生，凭借这12个实习生成功地搭建起了搜狐的搜索引擎。

然而搜索引擎完成后，在市场上并没有什么反响，而在这个时候，马占凯以实习产品经理的身份加入搜狗，他曾经把自己利用搜索技术解决词库问题的思路发给百度，没有得到重视，但在王小川这里，马占凯却将自己的想法打造成了搜狗输入法，这也是全球第一大汉字输入法。

那么，王小川是怎么用这些实习生打下一片江山的呢？

在很多人眼里，实习生可能是或有或无的角色，他们为正式员工打印材料、整理文件并预订会议室，但实际上，实习生是职场中不可或缺的人力资源，如果在日常工作中没有他们的存在，很多基础的事务性工作都无法顺利进行，可以说，实习生是我们不可缺少的战备资源。

不管是国外公司还是国内公司，都为出色的实习生提供了非常优厚的待遇，高盛（Goldman Sachs）每年在中国招的实习生不到10个，收到的简历却有25万份左右，但高盛公司Summer Intern的税前薪资每月高达38000元，如果算上绩效和餐补，则会更多。

2017年，高盛在中国招聘的七个实习生分别来自清华、北大、上海交通大学和香港中文大学，这七名实习生在校的学习绩点基本满分，而且都有在中金、中信等知名投资机构的实习经历，与此同时，他们出色的英语让他们在以英文为主要语言的高盛公司没有任何沟通上的障碍。

国内一些创业公司也为优秀实习生提供了不错的待遇，猿题库为实习生提供顶配iMac和水果、饮料、沙发等福利，月薪大概在8000元，这在国内已经是相当不错的实习生待遇，但要求是清华、北大、中科院等国内重点大学的研究生。

实习生在转正之前，都会经过三个月到半年的实习期，这段时间内协助公司的正式员工开展部分的工作，根据实习期间的表现进行正式工作的确认。在这段时间里，最优秀的那部分人则会被部门主管重点关注和培养，并帮助他们在之后的职场发展中更好地发展。在高盛，每年60%～70%的实习生能够转正，转正之后则意味着在通往高盛合伙人的路上更近了一步。

对于正式员工而言，一个优秀的实习生可以帮助自己节省很多的时间和精力，他们不仅可以帮忙完成一些日常性的工作，一些简单的数据分析和产品文档也可以交由实习生来负责，甚至部分有经验的实习生可以直接承担一部分独立的工作内容。

从这个层面来说，我们所带领的每个实习生都是最坚强的后盾，当我们在处理一些重要事情无暇分身或者在外出差的时候，实习生可以帮我们更好地处理公司的内部事务，让我们可以毫无顾虑地开展自己的工作。

在一个实习生成为大佬的路上，你不单单是给他们分配各项工作，还要在做好领路人的同时，提高他们在职场中的竞争力，让对方在高速前进的职场发展中获得属于自己的进步。

分配工作之前，确认该任务是对方能力范围之内的，避免揠苗助长。在不了解实习生能力的情况下，可以渐进式地进行工作安排。在交代任务时，一定要将任务尽可能详细地布置给实习生，让他们知道任务的最终目标，而不是在干了一半的时候才发现路子走偏了。如果有必要，尽量通过邮件来发送任务，而不要用微信语音等不易查找的方式来沟通。

分配工作之后，每隔一段时间，或者完成阶段性任务之后主动汇报，而不要去催问，避免给实习生带来太大的压力。

记住你的实习生也是职场中的一员，他不是你的朋友或者亲人，如果事无巨细地包办，不仅让他自己得不到提升，而且也会影响整体的工作氛围和进度。

与包办相对应的处理办法应该是指导，所谓的指导就是根据以往的工作经验，事先提醒实习生可能出现错误的地方，避免返工带来的时间延误。

我们可以给出建议和意见，但一定不要给出太具体的办法，你无法想象一个刚进入职场的实习生蕴含着多大的能量，太过于严格只会限制他们的想象力。

提醒实习生在完成工作之后及时进行自查，这是从实习生进入职场的第一步，不仅是对工作效果的一个检查，也是对于自身工作能力的一个审视。如果只是埋头苦干，而不知道从中发现问题，那么实习生的价值只在于一个廉价劳动力，而不会对整体工作起到太多的作用。

能有一个优秀的实习生无论对公司还是个人来说，都是一件非常幸运的事情。对于公司来言，实习生可能是负责一些事务性工作或者非关键工作的合适人选；对于个人来说，他们每个人都对工作充满了憧憬和好奇，可以很大程度地活跃团队的气氛，提高团队的主动性和工作效率。

所以，每一个实习生都是职场的大佬，而我们需要给予他们足够的尊重和发挥空间。如此一来，你收获的不仅是一个好帮手，还有更高的工作效率。给予他们应有的关心和帮助，把自己在以往工作中获取的经验无私地分享给他们，在他们遇到困难的时候拉一把，这些都会让他们在走向大佬的路上更加顺利一些。

37.做一个爱说话的职场人

职场上，也许你能力很强，所负责的事情也非常多，但每次到了升职加薪的时候，却总不如一些“会说话”的人。

每次在重要的会议和场合中，总是有莫名其妙的紧张感，结结巴巴，支吾半天也没说清自己的想法，结果事情做得最多，话说得最少，升职加薪的速度也就相应减慢了。

正如《战国策·东周》中所说：“一言之辩，重于九鼎之宝；三寸之舌，强于百万之师。”在中国历史上，以三寸之舌说服敌军退兵的案例不在少数，战国时期烛之武三言两语劝退秦师，得到了后世“五论救弱国，妙语退秦师”的评价。能在瞬息之间与交战双方的国家首脑完成一次关系重大的语言沟通，这对于大部分人来说都是一件不可能实现的事情，但是烛之武成功地做到了。

而在信息社会的今天，随着团队化工作的深入人心，会说话意味着更高的沟通效率，只有让别人更快更好地理解自己的说话意图，才能更有效率地完成思想沟通和问题交流的目的。

在职场工作中，能够走上管理岗位的人才，知识和技能固然非常重要，但如果不善于交流，往往会给自己的职场发展带来很多障碍。

首先，我们需要明确，什么才是一次有效的沟通？

一般来说，有效沟通有以下三个原则：

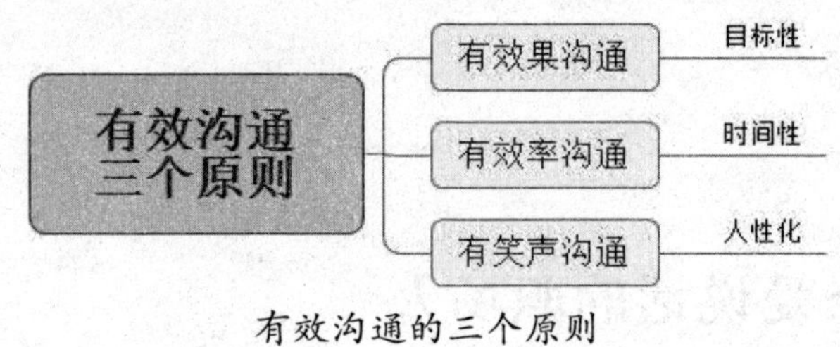

有效沟通的三个原则

1.有效果沟通

强调沟通的目标明确性。通过交流，沟通双方就某个问题可以达到共同认识的目的。

2.有效率沟通

强调沟通的时间概念。沟通的时间要简短，频率要增加，在尽量短的时间内完成沟通的目标。

3.有笑声沟通

强调人性化作用。沟通要使参与沟通的人员认识到自身的价值。只有令双方心情愉快的沟通才能实现互赢的思想。

不管是在生活中与亲朋好友沟通，还是在职场中与同事和上级沟通，只有自己说的话可以被对方完整地领会到，同时自己也可以很好地反馈对方的发言，最终双方就所讨论的事情达成一致的结果，这才算得上有效的沟通。

有效的沟通对我们每个人的沟通能力提出了很高的要求，跟其他技能一样，沟通能力作为职场必备的能力之一，也是可以通过大量的训练习得的。

那么，在一次有效沟通中应该注意哪些地方呢？

1.明确自己的沟通对象，并有针对性地进行沟通

在一次沟通中，最重要的角色就是跟你对话的那个人，不管那个人是你的老板还是你的下属，都需要有针对性地展开对话。

在向老板汇报时，需要简单扼要地把问题的现状、进度、困难问题，以及解决问题的思路大概描述出来，让老板用最短的时间知道你汇报的目的。如果有可能的话，最好简单将你未来的行动计划告诉他，取得他的认可。只要老板点头，那么这就是一次非常有效的沟通。

而在向下属安排工作时，则需要把事情的背景和关键时间点交代清楚，以便他们更好地去执行工作。

2.说话也要讲究原则

大家在日常对话中最讨厌的一类人是什么？

翻来覆去地说了一大堆话，最后还没有表达清楚是什么意思。

所以说话不仅仅是说话，而是要达到沟通的目的，如果按照下面四大原则来说话，你会发现说话也可以成为一门学问。

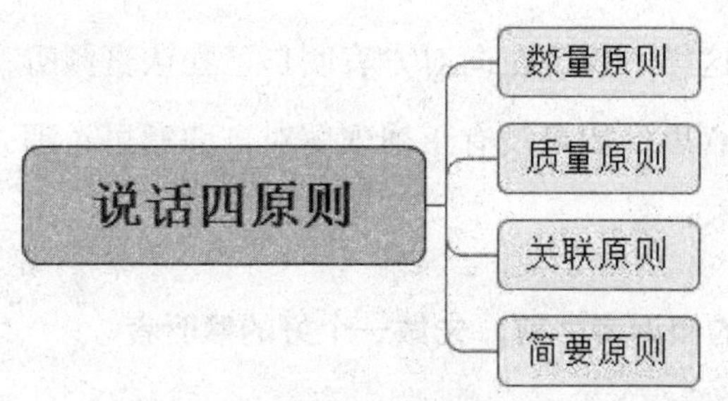

说话四原则

首先是数量原则，让自己所说的话可以满足双方沟通的详细程度，不会出现细节上的缺失。

其次是质量原则，所说的话都是真实可信的，不会出现不真实的情况。

再次是关联原则，前后的语句是有机综合体，存在一定的关联性，而不是一句句被割裂的语句。

最后是简要原则，在满足数量原则的前提下，还要尽量让自己的语句保持简要，而不是重复啰唆。

3.设身处地为对方着想

同理心（Empathy），又被称为“设身处地理解”“感情移入”，意思是设身处地地对他人的情绪和情感进行认知性的觉知、把握与理解。

在实际交谈过程中，如果想让对方更加有效地理解自己的意思，不妨试着站在对方的角度看问题，试着去揣摩一下对方通过这次对话想要获得什么信息，这样可以有效提高双方交谈的效率。

一次有效的沟通是双方都能理解对方心中所想所知，如果没有同理心，只是单方面地输出信息，只能是对牛弹琴。

4.在不确定的时候就多重复几遍

由于知识背景和语言组织能力的不同，不同人之间的沟通不可能达到100%的有效，那这个时候应该怎么做？

一个简单的办法就是“随声附和”，重复对方的最后一句话，或者顺着对方的话说下去，这样不仅是在向对方表明自己在认真倾听，也可以验证自己是否理解了对方的意思。如果没有正确理解对方的意思，那么在“随声附和”的时候必然会出现不一致。

5.做一个好的倾诉者之前，先做一个好的倾听者

与倾诉相比，倾听也是一个非常有效的沟通技巧，所有人在沟通时都有被尊重、被理解与被倾听的心理需求。你只要不打断对方，认真地听着，就可以让对方这种心理诉求得到满足。

一个好的倾听者可以将对方的语言按照实事、情绪、认知等几个层面分解，更快地了解对方想要表达的意思。

所以，一个好的倾听者至少应该做到以下几点。

（1）认真听，控制自己发言的欲望：表情要认真。偶尔点点头，对倾诉者做出回应，示意在聆听。

（2）善于总结：根据对方的谈话内容，适当给出简短的总结和见解，帮助对方厘清思路。

（3）善于思考：思考对方发言的原因和逻辑，通过对话帮助对方把更深层次的想法引导出来。

（4）细心观察：倾听不仅仅是理会对方的说话内容，还要从这些说话内容中体会倾诉者的心情和情绪。

6.不经意的小动作也会影响沟通效果

“90%的沟通都不是通过语言的”。

虽然我们普遍意义上的沟通多数指对话及信件等方式，但在实际生活中，身体语言才是了解人们的真实想法和感受的关键。你的面部表情、手势甚至一个简单的身体动作都会让沟通的另一方得到不一样的信息。

比如眼神就是一个很常见的例子，如果一个人在跟你对话时，拒绝把目光停留你身上，那么你可以理解他此时并不想与你进行更加深入的沟通。

相反，如果双方在结束一次交谈之后，可以从刚见面时的握手发展为拍拍肩膀，那么你可以认为这次的会话内容已经促进了双方的感情。

所以在与他人进行对话时，尽量避免因为身体语言造成的沟通不畅。

7.改掉那些完全没用的口头语

在面试中，最先被刷掉的一批人一定是嗯嗯啊啊，口头语多的候选人，这些口头语会让大家觉得你是个欠缺思想的人。

同样，在职场中，如果在谈话过程中出现太多的口头语，只会让大家对你的印象大打折扣，一个优秀的职场人士是不会在任何公开的场合用口头语来表达自己的想法和情绪的。

如果你对于自己掌握说话节奏的技巧不太自信，那么可以在正式发言之前停顿一秒钟，梳理好自己的发言内容，平复一下发言之前的情绪，这些都比你正式发言之后带一两个口头语要好得多。

以上7个小技巧只是帮助大家如何成为一个会说话的职场人，但在实际操作中，还会出现各种不同的状况。比如在面对上级领导或者重大场合时，大部分人都无法做到淡定自如地说话，但在私下里跟朋友聚会的时候，却能够很自然地谈笑风生。

可见，并不是我们真的不会说话，而是我们在特定的环境中没有把交谈对象作为一个可以平等对待的人，这既与说话的技巧有关，也需要在职场生涯中多锻炼说话的底气和胆气。

会做事，也会说话，才能在职场生涯中一帆风顺。

38.平衡家庭与工作的跷跷板

截至2016年，谷歌已经在其总部举行了第三届“带父母上班”活动，谷歌员工的亲属从全美乃至世界各地涌入硅谷，很多人甚至从卡塔尔、新西兰、塞尔维亚等国长途跋涉而来。

在美国加州山景城的巨大露天剧场上，数千名谷歌员工挤在他们父母的旁边，一起吃着谷歌提供的免费早餐，喝着带有谷歌标志的瓶装水，倾听着谷歌高管对他们的感谢，感谢他们培养出如此优秀的人才。

除了可探索谷歌神奇的总部外，父母们还可以参加职场训练活动，比如学习如何向YouTube上传自己的视频，或如何利用谷歌航班搜索服务Google Flights预定假期等。

在中国的一二线城市，大部分职场人士每周大概要工作40到50个小时，除了工作、睡觉、吃饭和上下班所耗费的时间，很多人都会觉得没有精力再去做其他的事情，包括家庭生活。

如果一个人无法平衡工作和家庭的关系，那么极大可能是在工作上花费了太多的时间，而忽略了与家人相处。

尤其是在一线城市的巨大工作压力下，很多人每天与家人相聚的时间都不会超过三四个小时，这不仅使得自己的工作压力得不到缓解，也加剧了个人与家庭之间的矛盾，令自己的伴侣和家人在家庭生活中承担了更多的责任。

中国社会科学院社会学研究所及社会科学文献出版社在2016年12月发布了《社会蓝皮书：2017年中国社会形势分析与预测》，采用了广义的“新社会阶层”一词，这部分人在过去一年的平均收入达到166403元，远高于社会平均收入75184元，是其2.21倍。

但同时，这部分人工作强度较大，生活节奏较快，家庭生活时间较少。

从北京、上海与广州三地新社会阶层的日常时间分配来看，工作日中新社会阶层用于工作或学习的时间达到7.76小时，远高于社会平均值的5.90小时，非工作日用于工作或学习的时间也略高于社会的平均状况。

但工作和生活并不是厚此薄彼的关系，工作的目的就是为了养家糊口，工作是维持个人生活的基本条件，如果为了工作让个人的生活水平不升反降，那么就违背了工作最开始的目标。

另一方面，生活也可以对工作造成反向的影响，很多人上班时不在状态，无法将全部精神投入工作上，很可能就是被家庭关系或者夫妻感情所干扰。只有家庭生活得到了保障，才能在工作中足够专注。

因此，工作和生活是相辅相成的关系，只有认真工作的人才有机会去享受家庭生活，而有良好家庭生活的人才有足够的精力投入工作。

很多职场达人在职场上保持着超高的工作效率，私下里也不忘陪着家人和孩子一起享受生活，而这不但不会影响他们的工作状态，反而会让他们绷紧的神经得到最大限度的放松。

国内的很多公司也开始倡导员工在工作之余积极享受与家人在一起的时间，有的会以家庭旅游等方式作为业绩的奖励，像携程等互联网公司，每天会向员工邮箱推送内部特价旅游和机票，鼓励员工多与家人相处，以减少工作带来的巨大压力。

那么，如何在实际生活中平衡家庭和工作两者之间的关系呢?

1.将家庭生活和工作放到同等地位上

很多人在潜意识里会对工作和家庭进行孰轻孰重的考虑——究竟是工作更重要，还是家庭生活更值得投入精力?

如果将家庭和工作的关系对立起来，那么一定会陷入日常工作经常受到家庭干扰，而正常的家庭生活也被工作所拖累的困局。

除去特殊行业的工作人员，大部分职场人士每天的工作时间大概会在8小时，除去上下班交通的时间，每天还有一定的时间与家人相处，那么在这段时间之内，就尽量不要去忙工作的事情。

2.用对待工作的专注对待家人

诚然，在工作中要保持高度集中的注意力，以处理随时出现的问题，在跟家人相处的时候，也要拿出100%的精力，而不是把家当作第二个办公室。

很多人掌握不好工作和家庭的平衡，就在于他们跟家人在一起的时候总是想着工作的事情，即使是陪孩子一起出去旅行，也会腾出一定的时间回复工作邮件。这不仅是对家庭的不尊重，也很难给工作带来超出预期的成果。

所以一定不要把工作带回家，家庭和工作始终是两个不同的概念，不能也不应该混为一谈，在工作的时候投入所有的精力工作，在家里的时候就要完全地放松下来。

3.善于在工作外的时间内减轻压力

很多国内的公司积极引导员工在工作之余发现乐趣，比如豌豆荚和马蜂窝等公司不仅在办公区的每一层都设立了休息的吧台，让员工可以在吧台发呆、小憩，还给员工配备了享用下午茶的休闲区，可以来几局桌球或在按摩沙发上稍微休息一下。

很多工作狂人之所以给旁人带来刻板无趣的印象，主要是因为他们找不到工作之外的其他乐趣，即使是家庭生活也无法给他带来工作那样的快感，所以他们才会把工作和家庭的关系搞得一团糟。

对于工作狂而言，更应该寻找工作之外可以带来乐趣和快感的东西，否则一旦工作上出现了挫折和失败，将会给整个人带来毁灭性的打击。

如果你把工作放在第一位，而把自己和家庭放在第二位，那么关于家庭的一切势必会给工作让路。而家庭生活不和谐的人，即使在工作中投入200%的精力，也很难充分享受工作所带来的成就感。

归根到底，工作和家庭都是生活的一部分，我们每个人同时在职场和家庭中扮演一定的角色，既不能过多地偏向于工作，让家庭生活没有喘息之机，也不能把重心全部放在家庭上，无心于工作。在家庭和工作的跷跷板上，需要我们投入精力进行考量和权衡，使其维持在一个相对平衡的状态，才能增加家庭生活的幸福感，提高职场中的工作效率。

39.累死你的不是工作，而是工作方式

Google刚进中国的时候，Google总部对中国研发团队的评价非常低，因为“出工不出活儿”，北京的三四个工程师都抵不上Google总部的一个工程师。

究其原因，当时中国研发团队的所有工程师都是新人，没人告诉他们该如何工作。

而这种情况在Google总部是完全不可能出现的，Google总部的新员工只占所有员工的一小部分，而且会有老员工带领新员工迅速地掌握应该具备的工作技能。

在意识到这种情况之后，Google总部向Google中国的研发团队陆续派遣了一部分有经验的老员工，并定期邀请中国的研发团队去总部交流。

经过一段时间之后，中国研发团队的工作方式和工作效率很快得到了改善，也得到了总部的一致认可。

对比一下刚进入中国的Google研发团队，你是不是也看到了自己的影子？

从早上一来就可以列工作清单，但到下班的时候发现连一半都没做完。

经常加班到深夜，忙得把家庭当作旅馆，但要处理的问题依然接踵而至。

每天大大小小的会议占据了很多时间，以至于周末都要放弃休息时间来工作；

即使这样，却发现时间精力的投入还是无法满足领导的期望值。

为什么会出现这样的困惑呢?

其实累死你的并不是工作本身，而是你所采用的工作方式。

聪明优秀如Google公司的工程师，还需要重新学习正确的工作方式，相信大部分人的工作方式未必比Google员工更加高效。如果要避免低效的工作方式，让自己从疲累的工作中解脱出来，就必须要寻找一种适合自己的科学工作法。

在本章已经集中讲解了提高工作效率的若干种方式，接下来将会系统地梳理一下这些工作方式在实际工作中的操作流程，帮助你从筋疲力尽的工作中摆脱出来。

1.明确你的工作目标，也要明确你的工作方式

对于大部分职场人士来说，我们并不需要花费太多的时间精力在明确工作目标上，上级和老板会以各种方式制定出一周、一个月乃至一年的工作目标。

我们所需要的是如何通过一定的方式手段达到目标，以及这些方式手段和目标之间是直接还是间接联系的。比如我们要完成一次新产品的发布会，是自己动手负责会场布置的所有事情，还是找一家外包的会务公司来处理。选择的工作方式不同，在通往目标路上所付出的精力也不尽相同。

2.在事实的基础上开展工作

在职场中，我们最常听到的一个词就是“心累”，或者说是“职业疲倦”。最常见的情况是对工作没有热情、刻意冷漠、敷衍，感觉无力。与身体上的疲惫不同，心累大部分时候是自己吓唬自己，在没有得到完整的事实之前，预先对问题做了不切实际的假设，

尤其是对职场老人来说，经常会根据以往的经验对问题做出自己的假设，当经验与事实不符时，就会产生心理上的落差，甚至与其他同事产生意见不合。

丰富的工作经验会在恰当的时候给我们的工作带来便捷，但如果想在工作

进程中更加轻松一点，不如换一下开展工作的方式，用事实取代自己的直觉。

3.好的计划需要好的执行

开展工作之前先做好计划，这一点已经是所有职场人的共识，但做工作计划也要讲究科学的方式。

很多人在制订计划的时候好高骛远，制定了完全不可能达到的目标，在之后的工作中不得不为了这个不切实际的目标而疲惫不堪。或者在制订计划的时候是一码事，在实际执行的时候完全脱离工作计划，完全按照自己的喜好开展工作，这样的工作计划完全起不到任何作用。

在按照预定的计划开展工作时，也需要讲究执行的方式方法，怎样才能得到与目标相一致的结果呢？

美国质量管理专家休哈特博士提出了PDCA循环（又称戴明环），他将一项工作的质量管理分为四个阶段，即计划（Plan）、执行（Do）、检查（Check）、调整（Action）。

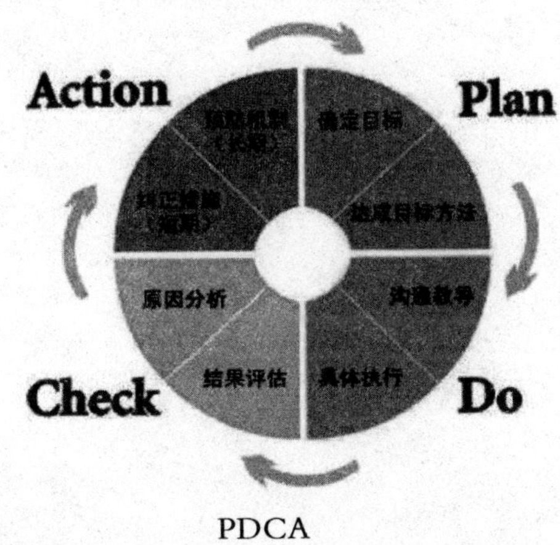

PDCA

Plan：没有周密的计划，想要有好结果只是妄想。

Do：结果不会因你计划了多少而改变，只会因你做到了多少而改变。

Check：在工作中缺乏监控，只知道埋头苦干，可能到最后发现从半路就已经偏航。

Action：目标达成时进行奖励并保持，没有达成时处罚并改进。

4.总结反思

当一项工作完成之后，你所获得的并不仅仅是这项工作所能带来的业绩，而是通过这项工作给工作方式上带来的进步。

通过复盘工作中的优点和缺点，反思其中存在的工作问题，对有问题的环节进行有针对性的改进，并总结可以借鉴的成功经验。通过不断的总结反思，让自己的工作方式可以发生本质的改变，驾驭所负责的工作而不是被它累死。

第七章 不懂得打造团队就是无能的表现

聪明的主意不会在独处中产生，成功的企业需要一支出色的团队把不同领域的专业人士聚集在一起，为目标客户创造出令人惊艳的产品。

40.如何打造理想中的团队

截至2017年9月，Instagram月活跃用户已突破8亿大关，同时活跃广告主数量突破200万大关，预计在未来两年内，其年营收可能增长2.6倍。

而在2010年Instagram刚成立的时候，公司的全部成员只有六个人，凭借六人团队，Instagram在一年的时间内实现活跃用户过千万，并获得首轮融资700万美元。

即使在2012年被Facebook以7.15亿美元收购时，Instagram也只有13名员工，Instagram的创始人兼CEO Kevin Systrom认为，当产品不需要有这么多的人去维护时，一个小的团队就足够了。

虽然当时Instagram每周都会面试很多人，但在没有下一个市场机会之前，Instagram始终维持着一个小规模的工作团队。

拥有如此之高的团队工作效率不是一个人的事情，它与整个公司息息相关，也与所在团队休戚与共，没有任何一个人的工作是脱离团队可以完成的。

但不同于Instagram公司六个人的团队，我们首先需要认清的现实就是：大部分团队都是普通的团队，我们虽然可以借助一些管理工具来提高团队的工作效率，但距离一支理想团队始终存在一定的差距。

作为团队中的一员，你是否能明白其他团队成员处理问题的方式、在处理不同问题上的优劣势，以及团队协作的最佳方式，恐怕这些问题连大部分团队的管理者都无法回答。

团队在解决问题时，如何在当时的环境中展现出最高的综合实力，如何弥补与其他团队的差距，并发挥每个团队成员在处理不同问题上的优劣势，只有想明白了这些问题，才算是迈出理想团队的第一步。

一个理想的团队，必须让团队里的每一个人知道为什么要选择加入这个团队，在这个团队内部可以获得哪些成长。

就像网络游戏中下副本的团队一样，每个人都有自己独特的职业和技能，只有相互配合，在团队协作中不断获取经验，消灭遇到的各种问题，才能干掉最终的大BOSS，领先其他竞争对手抢占市场。

那么，如何在这个副本里组建一支理想的团队，或者说，怎样的团队才能算是理想团队呢?

在知识经济的社会中，一个理想团队的判断标准主要包括以下三个方面。

1.团队价值观

提高团队的工作效率并降低团队成员间的内耗，关键在于团队内部成员共同遵守的团队价值观。所谓团队价值观，是指团队全体成员做人、做事的基本态度，具体工作中则体现为解决团队中矛盾、争论和冲突的共同观念和看法。

当一个团队内部建立起价值观后，所有成员会从被动解决问题到自发解决问题，而这种自发性地解决问题势必会提高整个团队的工作效率。

只要价值观正确，即使在团队管理者缺席的情况下，整个团队也可以保持一种有序前进的状态；如果没有一个统一的价值观，那么整个团队就会处于一盘散沙的状态，只能人为地维护团队的秩序和进程。

微软公司的团队价值观中有这么一条:“勇于迎接挑战，并且坚持不懈”，在这条价值观的激励下，微软一次又一次地向最困难的目标发起挑战。

当DOS刚取得成功时，微软就果断地决定要取代自己的成功产品，开始发展Windows。

当Windows还远远没有成形时，微软又决定花大量的资源做Windows版本的Word和Excel。

那时，DOS版本的Word和Excel远远落后于竞争对手，而微软却把更大的投资放到Windows版本上，这对于当时的微软来说是极大的挑战。

在Windows之后，微软在Office、Windows NT、Internet等机会来临时，一次又一次在重重挑战之下给公司带来了新的生命力。

2.团队品位

亚马逊原副总裁张思宏，去乐视干了几个月副总裁之后，重返亚马逊，并写了一篇长文讲述两家公司在价值观和团队品位上的不一致："我要按照自己的意愿去玩微信，因为我不想违背自己的价值观去混饭吃""我要有自我和带着尊严地活着，而无须出卖和扭曲自己的价值观"。

张思宏进入乐视遇到的其中一个不适应是，很"Private"的微信被当作职场协作沟通工具，并且许多人在微信朋友圈分享与工作相关的形式化内容，比如老大讲话啦、加班到深夜啦……这种形式主义让张思宏觉得很虚伪。

在这里，我们不讨论微信是否应当作为职场协作沟通的工具，但相信不止一个人经历过张思宏的困境，那就是无论如何都无法与团队内部的其他成员达成一致的品位，就像你跟爸妈无法在穿衣风格上达成一致。

而这种不一致在工作的每个环节都会造成大量时间的浪费，当不同品位的人对于同一件事情的看法发生冲突时，双方需要不断地协商妥协，最终选出一个大家都满意的结果，而这个被修改得面目全非的结果可能只是一个"四不像"。

而更让团队内部头疼的是，团队品位这种虚无缥缈的事情并没有一个绝对的标准，而完全是团队内部成员在长期工作中形成的。在团队最开始建立的时候，核心成员的品位决定了整个团队的品位，所以在之后的团队发展过程中，新加入的成员能不能适应已有的团队品位，能否在这种团队品位下高效地工作，都是一个团队必须关注的问题。

上文中的张思宏明显是不适应乐视成立以来由贾跃亭一手带起来的团队品位，这并不是个案，中国的很多团队不会像Google这样用“不作恶”来要求自己。2016年，宅代洗创始人和CEO郭超宇自曝靠剪大学宿舍的洗衣机电线获得第一批种子用户和洗衣订单，如果张思宏知道这样的事情，恐怕会吃惊得跌掉眼镜。

在一个团队有了固定的品位之后，不管这种品位是高大上还是接地气，至少在团队工作方面不会有太大的变数了，之后不管团队完成什么样的工作，内部成员都可以保证相对一致的团队价值观和品位。

3.团队协作

团队内部的成员由于个人的性格、知识背景和工作方式等方面的差异，势必会在工作过程中产生冲突，甚至发展为相互不配合、团队内斗等糟糕的状况。

团队领导者、管理者和成员在这个过程中都发挥着重要的作用，领导者要充分沟通团队成员对于不同问题的看法和思路，帮助成员纠正做事方法并定位其在团队中的角色；

管理者则相当于团队教练的角色，他们在领导者的安排下进行具体的工作，帮助成员完成外部环境和内部条件之间的协调，明确下一步要做的具体事情，必要时还需要亲自动手去做；

而对于团队成员而言，不管个人的单兵作战能力是否要比其他成员要高，在团队协作时，要听从领导者和管理者的安排，尽量避免团队成员内部的冲突，各司其职，更快地解决团队所遇到问题。

那么，如何打造一支这样的团队呢?

马云曾归纳过员工的离职原因，第一点是钱没给到位，第二点是心受委屈了。

公司跟员工之间是一场公平的市场交易，公司为员工提供有保障的经济支持和物质保障，员工付出时间和精力为公司创造更大的价值。要求公司或者员工中任何一方单方面付出都是很不合理的。

所以，付出金钱，员工回馈金钱；付出感情，员工回馈感情。

1.尽量让员工在团队中发挥作用，体现价值

说得简单点就是“人尽其才”，如果一个人在团队中长期从事不相关的工作，或者没有发挥出他的工作能力，那么对团队和他本人来说都是一种损失。

所以要在团队职责划分时尽早了解团队成员的优劣势和能力职责，避免员工在团队中处于无所事事的状态。

2.给予员工与其价值相符的回报

任正非曾在华为公司内部会议上说：跑到最前面的人，就要给他二两大烟土。

意思是公司里绩效好、表现突出的员工，都应获得良好、及时的回报，这些回报包括物质和非物质激励，只有给予这些员工相对应的回报，才能在下次作战之时还可以倚仗他们的力量。

3.让团队时刻处于备战状态

工作效率的提高并非一日之功，临时组建的团队必然没有一个长期磨合的团队更加有效率。

但是一个团队从正式成立到成为一支打硬仗的团队，中间需要长时间的训练和实战经验，才能从最开始的磕磕绊绊到最后的无缝衔接，从接到任务的无从下手到后来的自发行动。

解决问题的思维能力和对团队成员的熟悉程度，都是在这个过程中不断积累起来的。

尤其是在整个团队投入一个项目中时，非常考验团队内部成员的沟通效率和流程衔接，但是一支成熟的团队，在面临突如其来的紧急任务时，却仍然可以保持极高的团队默契。

所以不管是大型团队还是小而美的团队，考量一个团队是否有效的标准只在于整个团队的工作效率和沟通效率。

一个理想团队的打造需要投入很多的时间和精力，既要保持结构的绝对精简，又要保证内部职能的完美互补，才能在保证项目执行力度的前提下，还能保证团队在此过程中的健康发展。

41.从《西游记》看职场团队如何相处

职场中最常见的团队就像《西游记》中的取经四人组，有唐僧一样看似只会念经的大老板，有像孙悟空一样冲锋陷阵的团队骨干，有像猪八戒一样好吃懒做的老油条，也有像沙僧一样默默无闻的普通员工。

但这四个能力和个性迥然不同的角色却组成了一个战斗力和执行力都很强的团队，并在取经的道路上和谐相处，缺少了这其中的任何一个人，都无法顺利到达目的地。

首先，每个团队都需要有孙悟空这样冲锋陷阵的狠角色，在关键时刻可以挺身而出完成任务。

除了唐僧之外，孙悟空的地位在其他三人之中是最高的，因为能力出众，所以领导也会给予一定的工作自由度和其他一些隐性福利，但在享受这些好处的同时，必然要承担整个团队的最高任务——九九八十一难的主要执行者。

除非像三打白骨精时被迫退出团队，否则孙悟空始终是团队中的顶梁柱。

其次，团队需要猪八戒这种会和稀泥的和事佬。

现在提起《西游记》中的猪八戒，大家也想不起他有什么丰功伟绩，但说起缺点，除了贪吃、好色等小毛病，似乎也没有什么无法容忍的大问题。

职场上的猪八戒型员工也是这样，论功行赏的时候似乎没有他什么事情，但挑毛病的时候，好像也没有什么大毛病，这部分人大多混迹职场多年，工作能力可能不如孙悟空，但是工作情商和政治觉悟比孙悟空高出去不少，懂得揣摩领导意图和服务领导，所以才能得到唐僧的赏识，并在关键时刻帮助唐僧充当说客。

而存在感最低的就是沙僧了，他没有孙悟空的聪明能干，也没有猪八戒的左右逢源，在团队里似乎一直在干杂活、累活。

在职场中，沙僧代表了团队中的基层员工，这部分员工工作态度最认真，对于领导和同事的安排言听计从，尽职尽责地完成分内的本职工作。但领导可能愿意给这部分人分配任务，在论功行赏的时候却不会想到他，因为他从事的工作内容层次太低，大部分是一些替代性较强的工作，就算没有他，那部分工作也可以由孙悟空或者猪八戒代劳。

那么，如何让这三个角色心甘情愿地去完成工作，并且在自己的工作岗位上发挥出应有的作用呢？

对于孙悟空来说，西天取经这件事情本来就没有什么挑战性，他之所以参加到取经四人组中不外乎两个因素，第一个是报答唐僧把他从五指山下救出来，第二个就是紧箍咒。

对于孙悟空型的员工讲究的是恩威并施，尽量打感情牌，如果感情牌不管用，就只好用紧箍咒来威胁他了。

前者是不能让孙悟空的心受委屈，后者则体现为KPI（关键绩效指标）文化。

压力也有明显的缺陷，它只适用于短期或者关键的时刻，这也是为何唐僧很少用紧箍咒来威胁孙悟空的原因，现实工作中为了保持长期的压力，团队领导者可能会不断向员工分配任务，并检查员工的执行力度，而分配任务和检查效果的频率太高，员工很可能会离开团队。

在团队中不仅要实行“大棒政策”，还要适时地进行“怀柔政策”，对于业绩优秀的员工进行鞭策，防止其在取得业绩之后产生骄傲情绪，对于业绩不达标的员工进行工作内容和计划的调整，帮助其在下一次业绩考核的时候达到标准。

对于猪八戒型的员工，采取压力的方式可能作用不大，因为他们本身对于业绩的敏感度不高，不求有功但求无过。

所以对于这部分员工，最简单的办法就是设置一定的激励措施，诱使其发挥自身的才能，设法达到团队要求的目标。与压力带来的紧迫感不同，激励会让员工较长时间之内都处于正面的积极心态，不会引起员工离开团队的现象。

作为团队的管理者，唐僧也很少采用激励措施，一方面为了减少其他员工在心态上的不平衡；另一方面如果团队效率长期依赖于激励措施，一旦激励措施出现下滑，反而会起到相反的作用。

所以，团队内部一般会在固定时间段（比如一个季度或者一个年度）内对成员进行激励措施，促使团队成员在这段时间之内积极完成所负责的工作。

但实际上，在取经四人组去往西天的道路上，唐僧很少对孙悟空等团队成员采取压力措施和激励措施，这就是唐僧作为团队管理者的高明之处——各司其职，统一规划。

在取经一开始的时候，唐僧就与大家在取经成佛这项任务上达成了高度一致，并取得了三个徒弟的一致认可。所以在碰到问题的时候，大家都会选择主动解决问题，因为解决取经路上的问题，就是解决他们自己成佛的问题。

而且唐僧对于每个人适合做什么都了如指掌，孙悟空具备较高的执行力和战斗力，所以在项目前期的调研工作和具体执行上负主要责任；猪八戒具备较强的人际沟通能力与对外交际能力，因此负责化缘等跨部门和跨公司工作；而沙僧做事比较踏实能干，对于脏活、累活也从来不挑剔，所以用他来保证整个团队的后勤工作。

职场中，没有一个人不希望自己的能力可以彰显于世，所有人都希望在自己喜欢的工作岗位上做出一番成绩，有了唐僧这样一个团队管理者，每个人都可以找到适合自己的岗位，也有共同的理想和信念。即使没有频繁的压力和激励，也可以成为一个高效率工作的团队。

可以肯定的一点是，大部分成功的职场人士都是孙悟空型的员工，这部分员工在团队内承担着最重要的作用，即使偶尔会被上级念紧箍咒，也依然是团队不可或缺的人才。

要摆脱被念紧箍咒的命运并不困难，那就是向猪八戒型的员工学习跟领导和外界沟通的技巧，在跨部门工作和跨公司工作中承担更重要的责任，让自己的能力不仅得到团队内部的承认，也得到外界统一的肯定，这样才能在职场升迁道路上快人一步。

值得注意的是，不管是新入职场的人，还是混迹职场已久的人，都要避免成为沙僧型的员工，被动地接受任务并希望得到领导的关注，然而这在职场中基本是不可能发生的事情。

实际上，就算领导看到了沙僧的苦劳，也会视而不见，因为跟孙悟空和猪八戒比起来，沙僧在人力资源市场上的价值实在是太小了，即使沙僧离开了团队，团队的工作效率不会受到丝毫的影响。

所以，你明白自己属于《西游记》中的哪个角色了吗？

42.要英雄联盟，也要王者荣耀

美国的超级英雄系列作品最开始是以个人英雄主义的形式出现在观众面前，不管是DC的《超人》《蝙蝠侠》，还是漫威的《蜘蛛侠》《钢铁侠》，都是个人英雄主义的代表作品。

而当所有的超级英雄都一一亮相之后，漫威顺势推出了漫威宇宙的概念。

从《复仇者联盟》系列开始，漫威将作品的个人英雄主义转向了组团协作，一个人的力量总是有限的，而团队的力量是无限的。

以2017年的《银河护卫队》和《正义联盟》来说，在这些超级英雄团队中，任何一个人都不足以击败大反派，只有联合所有人的力量，才能取得最终的胜利。

在传统的中国职场中，一向是不倡导个人英雄主义的，这就造成了中国的职场人士遇事不出头，习惯性地将责任分散到所在团队中，遇到突发状况和紧急任务时容易推卸责任。

1882年，法国人林格曼做了一个“拉绳子”试验，林格曼先让七个男人分别拉一根绳子，然后组成团队拉绳子。

通过试验，林格曼发现，在这七个人单独行动时，他们每个人平均能拉动85千克的重物，而组成团队时他们每个人平均拉动的重量仅为65千克。也就是说，在团队合作的情况下，他们的表现差了近四分之一。

这个现象也被称为“林格曼效应”。

反映在职场中，也是一个很难解决的两难困境，在看似矛盾的个人英雄主义和团队精神中，我们应该选择哪一方？

首先，我们必须承认，职场中已经不存在所谓的孤胆英雄，想要靠一个人的力量解决所有问题基本是不可能的。想要在激烈的竞争和高速的发展中脱颖而出，就必须借助团队的力量，并且在这个团队中奉献出自己的力量。

在团队合作中，不可避免地会出现效率下降的现象，在每个团队成员的工作成果无法定量计算时，就会出现林格曼效应中互相推卸责任的现象。

这个问题的关键在于我们需要的是什么样的团队精神，是传统理念的团队合作方式，还是带有个人英雄主义色彩的团队？

世界上最伟大的公司都是由一群出色的员工所组成的，即使强大如苹果公司，乔布斯在世时赋予了这家公司太多的个人色彩，但他也需要和库克一起组建团队来完成苹果公司从谷底的逆袭。

1997年乔布斯回归苹果，当时的苹果市场占有率不足4%，仓库里堆着好几个亿美元的货，离破产就差三个月。

乔布斯从康柏电脑挖来了库克，来到苹果公司后，库克率领他的团队大范围地削减制造资产，把那些非核心的业务全都外包出去，不到半年时间苹果扭亏为盈。

诚然，乔布斯在苹果公司有着无上的个人魅力，但如果只是按照自己的意愿行事，那么苹果公司可能撑不过最危险的1997年，也就没有后来这么多惊艳的苹果产品了。

其实想要避免这种危机很简单，那就是让所有人都参与工作中，让更多像库克这样有才能的人帮助团队解决问题。可能乔布斯自己付出一定的时间和精力之后，也可以完成库克的那部分工作，但术业有专攻，懂得与团队分享，无疑可以大幅度地提高工作效率。

麦肯锡的前主管Jon Katzenbach通过三个维度来定义一个真正的团队。

（1）团队中每一个成员都对团队目标有着同等的感情投入和认可。

（2）领导可以根据自身具备的能力和经验以及当前的挑战，在领导和员工角色之间进行切换，而不是基于等级化的职位高低。

（3）团队成员对他们共同的工作彼此负责，将从属关系、个人偏见放在一边，只忠于团队的共同目标。

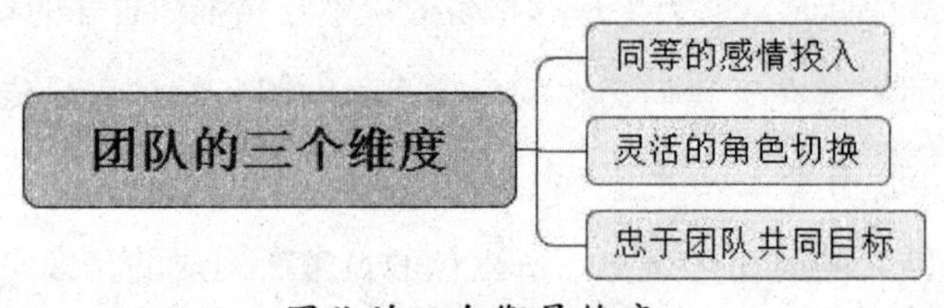

团队的三个衡量维度

在一个优秀的团队里，只要接到任务，所有的团队成员就要迅速找到自己在任务中的角色。不管这个角色是否承担了更多的工作或者面临着更大的困难，也都需要立刻开展属于自己的那部分工作。

在任务的关键分歧上，需要召集所有的团队成员参与讨论，而并非个别团队成员私自决定。只有让所有的团队成员都参与问题的解决上，才能提高每个成员的工作能力，并提高工作的完成效率。

如果只是这个团队里的某个人单独解决了问题，往往也是违背了团队协调分工的原则，甚至是牺牲了团队在整个公司内的利益换来的。

这个时候又会出现第二个问题：很多团队自认为内部配合协调做得相当不

错，但为什么没看到工作效率有明显的提高呢？

如同上文中所说的“林格曼效应”一样，很多团队都属于“1+1<2”的类型，随着团队人数的增多，团队成员的个人意识和主动意识都会逐渐减弱，因此在团队中需要适度地倡导个人英雄主义，通过有效发挥个人英雄主义，提高成员独立作战的能力，进而激发整个团队的战斗力。

团队精神和个人英雄主义并不是完全矛盾的两个概念，它只是个人参与社会化工作中之后，人的个体化和社会化之间产生的矛盾，当团队精神反映为所有的人为了一件事情而付出努力时，个人英雄主义反映为个人面对问题时的勇气和担当，这部分人更加喜欢有挑战和创造性的工作。

任何团队都需要有这样的人存在，就如同人们提到iPhone的时候先会想到乔布斯，提到Facebook的时候先会想到扎克伯克，提到微信的时候先会想到张小龙，这些成功的产品既属于整个团队，也是他们个人的荣誉徽章。

那么，如何将团队精神和个人英雄主义完美地结合起来呢？

1.对团队成员合理授权

想要让个人英雄主义激励整个团队前进，首先要让团队中产生一个像样的英雄，这就需要团队的管理者合理授权，适当放权，让所有金子都有发光的机会。

在遇到问题的时候积极发动所有成员参与讨论中，采用头脑风暴等方式激发成员的个性化思维。

即使在团队人数众多的时候，也要避免依赖他人的思想出现，通过不断下放团队管理者的权利，让所有成员都得到锻炼的机会，给下属更多自由发挥自己主观能动性的机会；对工作中遇到的难题要集思广益，积极征求成员的意见，充分发挥成员的创造性思维，在工作上不断创新和提高；要让成员在遇到困难时放弃等靠要的依赖思想，充分发挥主观能动性，创造性地开展工作。

2.在团队内引入竞争机制

“林格曼效应”经常出现在不成熟的团队中，其原因在于：团队中的每个人都觉得其他人会自发承担更多的责任，当所有人都这么想的时候，就没有人在承担责任了。

而一个成熟的团队中，因为每个人都对其他人的优劣势有所了解，知道在处理特定问题时，是否可以得到其他成员的帮助，还是自己解决起来更加方便。

因此，最简单的办法就是在团队内部引入竞争机制，在团队成员出现懈怠情绪的时候，推动成员自我驱动，让每个成员在团队所有人面前主动暴露自身的优劣势，在遇到问题的时候，可以分配给对应的成员进行处理，实现团队工作效率的最大化。

3.个人英雄主义服从团体精神

人人都尊重英雄，也希望看到英雄在团队中承担更多的责任，但所谓的英雄不属于个人，而是属于整个团队的荣耀。

如果没有团队所提供的项目机会，如果没有团队其他成员提供的支撑工作，一个人能力再大，也不可能全部发挥出来。

所以，只有在团队中的英雄才是真正的英雄，给予这部分人足够发挥的空间，可以激励更多的团队成员加入工作中，如果过分压制个人英雄主义在团队中的作用，会让整个团队在市场上缺乏竞争力。

但个人英雄主义必须永远服从于团队精神，如果个人英雄主义凌驾于团队精神之上，那么团队的整体利益和进度就不能得到保障，整个团队的竞争力也会局限到个别人身上，从而大打折扣。

但在中国的职场中，站在聚光灯下的MVP大多数都是团队中的管理人员和核心人员，大部分团队成员都只能作为背后默默付出的人，这对于团队的工作效率和积极性其实是一种打击。

不管是英雄联盟还是王者荣耀，在他们为整个项目作出贡献的时候，一定要肯定他们所取得的成绩和解决的问题，这样能将个人英雄主义融入团队精神中，最大限度地激发整个团队的工作效率。

43.小米公司的秘诀：扁平化管理

小米科技公司自2010年成立以来，经过七年的发展，目前估值已经超过1000亿美元，成为目前全球价值最高的未上市科技公司。

但迄今为止，小米的组织架构并没有向大公司看齐，而是维持了三级的基本架构：七个核心创始人——部门leader——员工。除七个创始人有职位，其他人都没有职位，都是工程师。

这样的扁平化架构减少了层级之间互相汇报浪费的时间。小米公司现在已经有14000多名员工，除了每周一的1小时公司级例会之外，很少开展季度总结会、半年总结会等形式的会议。

不管是一个公司还是一个团队，其管理者由于时间和精力的限制，所能管辖的员工数量是有限的，当团队成员不断增加时，相互之间的信息流通量和沟通难度就会呈指数上升。

太过复杂的组织架构会让很多大公司内部的信息速率极为缓慢，每天需要花大量的时间精力在汇报、报批、开会上。

当一个团队内的成员上升到一定程度时，管理者会发现：自己所能管理的成员越来越少，很多时候只有时间与个别同事沟通并分配任务，这在传统的层级管理中最常见不过。

一般来说，团队领导可以有效管理的成员不会超过7人，中层管理者可以管理不超过10人，而基层管理者可以管理不超过20人。

这种组织形式，在相对稳定的市场环境中，不失为一种高效率的工作形势，但当团队的人数增加一定程度上，管理层级也会随之不断增加，这个时候，层级管理就失去了原有的效力。

扁平化管理是近年来越来越多的高新企业所采取的新型管理模式，它通过简单的团队层级，更好地解决了“层次重叠、冗员多、组织机构运转效率低下”等传统的工作弊端，加快了信息流在团队内部流通的速率，从整体层面提高了团队的工作效率。

在小米公司，雷军最初的想法是通过两个管理层就能传递给执行者，从而缩短不同层级之间沟通的流程和时间。这也是小米公司的一个怪象：公司没有什么中层领导。

这在其他公司中基本是不可能的，凡客公司在最夸张的时候，总裁级领导有三四十位，总监级领导多达两三百位，让公司减少中层领导是一件很困难的事情，很多人都不会认同这种观点，这让在公司起步阶段就加入团队的人无所适从。

但减少中层领导的数量可以让团队成员直接与目标用户相连接，每一个相连接的节点和节点之间形成一个网状组织，在出现问题时快速进行应对。

在国内很多创业公司，CEO意味着Chief－Everything－Officer，整个公司只有两个层级：CEO自己一个层级，剩下所有人一个层级，由CEO发出的任务直接交给负责人，把不同成员之间的沟通效率最大化。

在国外，很多科技公司都已经将扁平化管理奉为圭臬：Facebook所采用的网状层级，已经把去中心化走到了尽头；最扁的谷歌公司甚至一度思索“管理到底有用没用”，虽然最终证明管理还是很有必要的，但相对于谷歌的体量，谷歌公司的管理相当扁平化，它只有5000位经理，1000位主管及100位副总裁，一位工程师经理手下有30名直接下属。

那么，在一个团队中，如何推动扁平化管理的实施呢？

1.保持相对固定的团队结构，将大团队分拆出去

层级过多是很多公司普遍存在的一个问题。通用电气公司最初有20多个层级，后来缩减到12个。丰田汽车公司一开始有18个层级，后来减至8个。之所以要减少组织层级，是因为如此之多的组织架构的决策效率非常之低，完全不能满足瞬息万变的市场变化。

扁平化管理包括三个方面的内容：组织机构的扁平化、业务流程的扁平化和信息的扁平化。组织结构的扁平化可以为整个团队的扁平化管理提供平台，为最终的信息扁平化提供载体。

要做到组织结构的扁平化，就需要保持相对固定的团队结构，不管增加多少新的业务，始终保持三级的组织结构，而不会随着团队人数的增加而增设更多的组织层次。

以小米公司为例，目前小米已经推出了多款智能硬件，如果横向增加业务部门，那么横向的长度就会超出公司管理者的能力范畴，如果纵向增加管理层次，势必会影响团队内部的沟通效率。

为了维持相对稳定的组织结构，小米公司直接将插线板、净化器等业务部门统一归口为生态链的独立团队，每个团队都有独立的负责人，保持与小米公司类似的组织结构，就可以实现雷军所说的“通过两个管理层就能传递给执行者”。

2.团队内部完全的信息透明

扁平化管理的基础是团队管理者相信每个成员都具备自我驱动和自我管理的能力，这就要保证信息流通在团队内部完全透明，每个成员都可以同步团队

其他成员的工作进度，了解团队下一步的规划安排，并管理整体项目的质量反馈。

一套完善的信息化系统或者信息化工具对于扁平化团队来说，是非常有必要的，tower、worktile和teambition等团队协作工具在很多公司内部已经成为标准配置，主要包括以下步骤。

（1）使用协作工具创建团队

Tower、worktile和teambition等工具都支持创建团队，一个小型的团队也可以通过这些工具迅速建立虚拟化的团队组织。

当团队成员需要资源和其他成员的支撑时，可以直接向老板提起申请，避免了电子邮件等传统方式可能引起的延误。

（2）给团队成员分配任务

建立项目之后，可以将整个项目细分为无数个小的任务，并建立起任务和执行者之间的对应关系，每个任务都有对应的时间要求和指标要求，不管是执行者，还是团队的其他成员，都可以一目了然地看到当前任务的进度。

（3）团队内部的资源共享

由于团队内部的文档和资料经常处于更新的状态，在版本更迭时，可以通过SVN进行资源的同步和共享，但tower、worktile等工具无疑会让这个过程更加简单。

（4）团队内部沟通

在有了企业版微信和钉钉等即时通信工具之后，团队的内部沟通已经不成问题，但为了保证后来的参与者也可以获得之前的信息，使用tower、worktile等工具还是有一定必要性的。

不管是老板下达任务，还是团队内部的各项通知事项，都可以通过公告栏和任务分配等功能直接同步所有团队成员，同时得到团队成员的反馈。

使用协作工具的一个好处还在于这种内部沟通方式可以让团队成员得到更多的心理满足感，当老板和其他同事对你的任务和评论发表正面评论之后，可以让团队形成更强的凝聚力。

3.上下一致的团队文化

未来的组织没有层级。

——Strategos公司创始人　加里·哈默

很多大公司之所以决策缓慢，是因为整个团队没有一个整体的团队价值观，所以一个决策形成之后，先要经过中层领导的审批，再经过上层领导的审批，每一个审批环节都会出现时间和内容上的变化，无法实现管理上的扁平化。

其实扁平化管理的最终目标在于决策扁平，结构扁平化也是为了决策扁平而做出的变化。

团队内成员所反感的并不是森严的层级管理，而是因为烦冗的层级管理会让一个事情的决策失去时效性。

统一的团队文化虽然不能精简团队的层级结构，但在决策扁平化的最终目的上是一致的，当所有团队成员拥有同样的价值观时，会将整个团队的目标与个人目标捆绑在一起，为团队工作就是为自己工作。

通过团队文化的熏陶，帮助成员发现工作的价值，即使在层层审批的过程中，也可以避免决策返工所浪费的时间。

44.加班与休假是永远绕不开的话题

很多上班族都会存在这样的困扰：在上了一天班之后，老板还会通过微信和邮件各种骚扰，在下班之后也无法享受一点闲暇的时间。如果装作看不见或者不接电话，第二天就会被老板各种甩脸色，所以只能万般无奈地继续加班。

结果就形成了这样一个恶性循环：下班被迫加班、心情不爽、上班工作效率低下、下班再次被迫加班……这样的恶性循环一旦形成，就很难从其中挣脱出来。

与之形成鲜明对比的则是另外一种人，他们似乎并没有把工作和生活分得那么清楚，而是把工作当作生活的一部分，并努力在两者之间取得平衡。

我本科期间的一位同学在毕业后加入耐克从事企业培训工作，在过去的十年里，已经从职场小菜鸟变成了很多跨国公司的资深培训师，但我很少看到她因为繁忙的工作而烦恼。

当问到她“Work-Life Balance”的问题时，她的看法是：并不存在什么“Work-Life Balance”，不管是工作还是生活，都是绕不过的一部分，我们要做的是就是分清楚两者的重要性和优先级，什么时候应该加班，什么时候选择休假，而不是把两者混为一谈。

每一个职场人都会面对加班和休假的问题，就像上文中所说的，之所以会有这样或那样的烦恼，并不是在“Work–Life Balance”上出现了什么问题，而是对工作的思考方式不一样。

前者把工作当作生活之外的事情，当工作侵占了原本属于生活的时间，他们会觉得自己的个人时间受到了侵犯，从而影响心情；而后者把工作当作了生活的一部分，他们希望投入更多的时间去工作，从而享受更好的生活。

对于前者而言，他们所谓的“Work–Life Balance”指的是：工作对我来说是一种负担，我可以为了工资在上班时间忍受这份工作，但在该休假的时候，请让我有足够的时间吃喝玩乐。

在这部分人看来，工作本身是一件痛苦的事情，而他们之所以可以忍受这份痛苦，完全是为了赚取一份可以养家糊口的工资，再用这份工资去享受生活带来的快乐。

为什么工作对于有些人来说是痛苦，而对于另外一些人来说是快乐呢，是否可以将这两者结合起来呢？

俞军作为百度产品设计的核心和领袖，是中国最早的搜索引擎研究者和爱好者之一，他在任期间主导设计了百度搜索、百度贴吧、百度知道等一系列产品。

2000年，在他给李彦宏的自荐信中如是写道：“本人热爱搜索成痴，只要是做搜索，不计较地域（无论天南海北，刀山火海），不计较职位（无论高低贵贱一线二线，与搜索相关即可），不计较薪水（可维持个人当地衣食住行即是底线），不计较工作强度（反正已习惯了每日14小时工作制）。”

如果你找到了一份自己喜欢的工作，即使职位薪水都不高，也可以很快乐；但如果你不喜欢自己所做的这份工作，那么加班半小时对你也是一种折磨，只有休假才能让你从上班的痛苦中短暂地解脱出来。

MPS模型

那么，如何判断自己所从事的工作是不是自己喜欢的呢?

哈佛大学的泰勒・本-沙哈尔在《幸福的方法》一书中提供了一种MPS模型，来帮助我们发现自己喜欢并且擅长的工作。

M=Meaning=你愿意投入时间去做，不求回报的事情。

P=Pleasure=你做得很开心，有时候常常忘记了困难，即使失败也不怕的事情。

S=Strengths=你擅长做，别人认为你很精通的事情。

你只需要通过头脑风暴的方式，分别写下M、P、S分别代表的事情，越多越好，当你沉下心去思考自己喜欢做的事情时，你会发现自己正在做的工作和自己喜欢的工作可能并非一致。

将M、P、S中相似的内容找出来，那就是你喜欢并且有能力去做的工作。

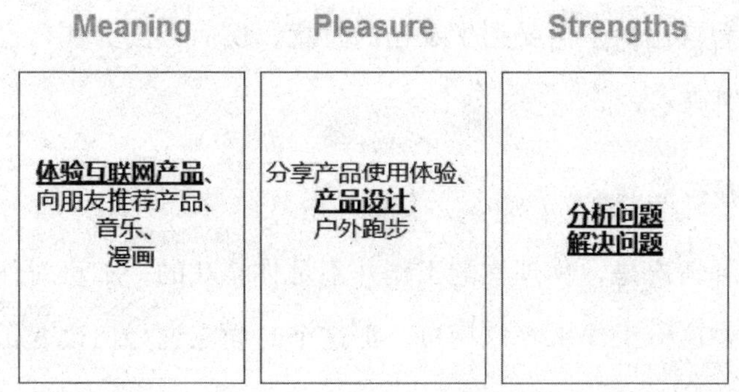

MPS模型示意图

比如在上图中，“互联网产品、产品设计、分析问题、解决问题”，这些关键词结合起来，对应的工作性质很大概率就是互联网产品经理或者项目经理。

工作是一种支出还是投资

MPS模型看起来很简单，但即使在选择了自己喜欢的工作之后，还是可能会因为日复一日的枯燥工作而感到烦躁，如何改变自己思考加班和休假的思维方式，才是摆脱这种困境的唯一办法。

Nigel Marsh曾经在TED演讲《如何实现工作与生活平衡？》中提醒我们需要看清一个现实，那就是很多人“夜以继日地工作，从事他们痛恨的职业，目的只是为了购买无用的商品，以博取无关痛痒的邻居的羡慕”。

Nigel Marsh的这段话在提示我们：到底是把工作当作一种支出还是投资？

当你把工作只当作工作时，在工作上投入的时间精力对你来说就是一种支出，这些支出并不能给你带来更多生理或者心理上的愉悦感，所以你才会因为加班而感到烦躁。

而你把工作当作一种投资时，你所消耗的时间和精力并没有以工资的形式出售给你的老板，而是以一种可以增值的投资方式回馈到自己身上。现在投入的工作时间可以在将来为自己带来更多的需求满足。

如果你还在为加班和休假的问题而感到烦恼，不妨试着通过MPS模型找到自己喜欢做的工作，至少你不会因为自己在工作中投入的时间和精力而感到烦躁，也不会认为自己的生活受到了工作的打扰，反而会因为在自己身上投资了更多时间而感到快乐。

培养可迁移技能

最差的一种情况是，你现在的工作并不是你喜欢的，加班对你来说是一种困扰，但你需要这份工作来养家糊口，那这个时候应该如何改变工作的思考方式呢？

这个时候需要培养的是工作之中的可迁移技能，可迁移技能是能够从一份工作中转移运用到另一份工作中的、可以用来完成许多类型工作的技能。

职场中的工作是一个连续的过程，在不同的工作中，后一份工作都是在已有的工作经验和认知结构上进行的，而新的工作过程和思考方式又会对原有的工作经验和认知结构产生影响，这种不同工作之间的切换和相互影响就是可迁移技能。

大久保幸夫在《12个工作的基本》中提到了12种可迁移的核心能力。

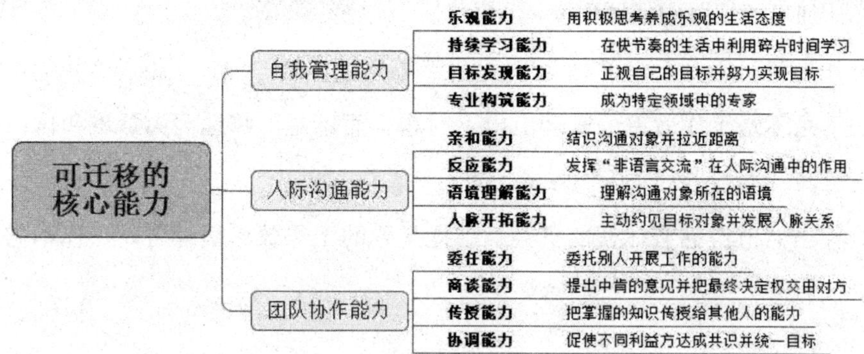

12种可迁移的核心能力

可能你现在从事的工作是文案策划，每天固定产出一定数量的软文并在朋友圈形成传播，老板有时候会因为一个标点符号或者一个遣词造句让你修改半天，而你则因为老板的挑剔而烦躁不已。

而你真正想做的可能是一个作家或者主编，那这时候应该如何做呢?

虽然这份工作并不是你的最终目标，但它可以帮你积累文字写作的能力，在一个社会热点出来之后，很快地将它和公司产品结合起来，从而形成朋友圈的爆款文章。

要论微信公众号话题女王兼人气女王，咪蒙是绕不过去的一个话题。她现在的身份包括作家、自媒体人、编剧。自2015年开通微信公众号以来，她每篇文章阅读量轻松10w+，不少还破百万。现在她的粉丝超过千万。在粉丝眼里，她是“国民励志女作家”。

在全职从事自媒体之前，咪蒙从2002年起就在南方都市报深圳杂志部担任首席编辑，在传统媒体的工作经验让她能够驾轻就熟地把握互联网用户的心理，并迅速产出阅读量很高的爆文。

当你意识到自己正在做的工作可以为自己的最终目标积累更多的经验和能

力时，即使老板再一次让你留下来加班，你也有了加班的理由，而这个理由会让你从加班的烦躁中摆脱出来。

如果我们每天投入了8个小时，仍然感觉工作是一种负担，那么我们可以思考一下是不是工作效率的管理上出了问题，而不是一味地因为加班和休假的问题而烦恼。

你当然值得拥有休假的机会，前提是你的工作效率已经可以让你不需要再加班了。

45.不要让团建成为烦恼

职场中常被大家吐槽的话题一定包括公司团建：

“工作日团建耽误工作啊！周末团建影响我的生活啊！”

“有凝聚力的公司根本不需要团聚，没有凝聚力的才要搞得好像很团结的样子！”

诚然，形式单一的团建活动不仅占用了团队成员的休息时间，而且并不会让团队的工作效率有所提高。很多时候都是为了团建而团建，没有针对团队成员的需求进行计划和安排，最后团队成员勉为其难地参加了团建，回来之后就不愿意再参加第二次。

那么，一个团队是否需要团建呢?

答案是肯定的。

在日常工作中，团队成员之间可能已经积攒了一些个人矛盾：与上司的虚与委蛇、与同事的钩心斗角、与公司的格格不入，更别提可能出现的派系斗争、晋升问题和年度奖金，这些事情都可以让团队成员陷入一种恐慌的心理状态，担心被团队的其他成员打压孤立，担心自己在团队中的地位受到威胁。

这一切的根本原因是团队内部成员的沟通合作不到位，而不通畅的沟通会给工作效率带来很大的影响。

从目前来看，团建活动依然是提高团队内部沟通效率和工作质量的最好方式，它可以用活动这种易于接受的方式培养团队内部的合作意识和竞争意识。尤其是在业务发展比较快的团队，平时团队成员由于工作繁忙，很难有机会跟其他成员有工作之外的沟通，而团建活动可以为团队成员提供一个短期的平台，让大家重新获得在团队内部的归属感，增强团队凝聚力。

在这个过程中，最头疼的可能就是团建的组织者了，既要让大家增加沟通，增强团队责任感和凝聚力，又要协调每个团队成员的兴趣爱好，同时还要避免一些成员的特殊好恶。年轻一点的成员可能喜欢轰趴或者桌游之类的形式，年长一点的成员更倾向于安静的形式或者干脆去休息。

那么，怎样的团建才能更好地提高团队内部的沟通效率呢？

1.采取适合大部分成员接受的形式

团队的最终目的是为了让团队成员尽快消除隔阂，所以应该考虑团队内大部分成员的需求，采取一些中低难度但必须协作才能完成的项目，让大家在团建中增进感情，比如撕名牌这种流行的团建方式可能就不太适合年纪大的同事和女同事，这些成员大部分已经是团队的业务骨干，把他们折腾一番并不能让他们对团队有更多的归属感。

可以采用农场、别墅、游乐园等适合大多数人的场所，根据需求设计团建活动，有助于员工释放压力，提高团队内部对于其他成员个性的了解，对于工作中的沟通和协调也是一种“演习”，同时不会给团队成员的体力造成太大的消耗。

对于个别成员希望参与的项目，比如漂流或者蹦极等有一定难度的活动，可以由部分同事以小团队的形式自由组团参与。

阿里巴巴公司内部非常重视团建活动：新人入职要团建、新任领导要团建、员工生日要团建、员工周年要团建、员工转岗要团建、员工离职要团建、员工季度业绩好要团建、员工怀孕要团建、员工家里的小狗生崽要团建……总结起来就是：没有什么事情是团建一次解决不了的，如果有，那就两次。

为了顾及团队中年轻人的团建需求，阿里巴巴的某个部门团建，选择了室内攀岩，攀岩爱好者在室内模拟的悬崖峭壁上徒手攀岩，追求惊险刺激和自我成就感。

2.选取适当的时机开展团建

对于不同的团队规模，团建开展的次数也不尽相同，一般来说，在季末或者年末的时候开展团建活动，并对当期的工作进行总结反思，这是很多团队惯用的团建时间。

新员工入职，或者刚成立了新的团队时，团队破冰一般是不可或缺的。破冰活动，顾名思义，就像打破严冬厚厚的冰层一样打破团队成员之间怀疑、猜忌，帮助团队成员更加乐于交往和相互学习，并消除可能存在的积怨。在破冰活动中，大家按照活动规则中的要求扮演各种决策，并和其他成员在活动中进行竞争或合作，时间较长（3到5天）的团建可以进行相对复杂的破冰活动，而一天之内的团建也有几分钟就可以完成的破冰活动。

在季末和年末的团建则更倾向于对之前的工作达成统一认知，在经过一段时间的工作后，团队成员关于工作方式、沟通方式和人际关系都有自己的看法，通过一次团建活动，可以让团队内部增进了解，体谅彼此在工作中的困难困惑，在面对下一季度和下一年度的工作时，沟通起来更加顺畅。

3.避免团建中“强迫参与”

很多人不喜欢团建的原因大多是因为团建内容非常无聊或者不适合自己，但为了顾及团建组织者的面子或者上级领导的要求，而不得不参与，这样“强迫参与”的团建只会给团队增加更多的不和谐因素。

比如有些人不擅长体力活动，“两人三足”等小游戏或者登山、接力跑等户外运动都会成为他们参加团建活动的噩梦。

这部分成员会因为自己拖后腿而选择不参加活动，甚至在下一次举办类似活动时会选择不参与，以避免类似的尴尬情况出现。

4.适当加入工作的因素

团建活动并不完全是娱乐活动，当然团建本身可以通过娱乐的形式让大家的身心得到放松，但一次有效的团建活动是让大家在之后的工作中提高沟通效率和工作效率，而不是一次单纯的外出游玩活动。

因此可以在团建活动中适当地加入工作的话题，这样不仅不会让大家因无话可说而尴尬，而且提供了一个轻松的场合让大家把平时工作中不方便说的话说出来。

比如，可以让团队成员介绍在日常工作中提高效率的小技巧，或者当面感谢平时配合自己工作的同事。在团建这种相对轻松的场合中，这些话题都可以让团队成员感到彼此的真诚，并进一步提高团队的默契度和凝聚力。

5.为了下一次团建做准备

大部分员工可能第一次迫于团队压力会勉强参加不喜欢的团建，当他们意识到整个团建没有任何实质性的帮助后，即使之后的团建活动有了很大改善，他们也会基于第一次的判断而选择拒绝。

一次出色的团建不仅仅体现在当次有多少成员选择了参与，还体现在团队成员在较长的一段时间内对于团建活动的认可。最简单的办法就是在团建活动结束之后，以满意度调查或者抽样调查的形式对本次活动进行意见反馈，了解本次团建活动中的不足之处，以便在之后的团建中进行弥补、改善。

对于团队成员的诉求进行有针对性的解决，这不仅可以提供更多团建活动的思路，也可以为下一次团建打好群众基础，让大家意识到团建并不只是程序化的机械活动，团队可以为出色的idea（想法）提供人力和资金上的支持。

否则，团建非但无法成为提高工作效率的方式之一，还会给正常工作节奏带来不必要的困扰。

46.成功的背后必定有一支狼性团队

狼性文化最早为人所熟知，源于2012年李彦宏在百度内部网上的一封公开信，这封以“改变，从你我开始”为题的公开信中，李彦宏要求百度员工“鼓励狼性、淘汰小资”。公开信中称：“狼性的三个定义，对现在的百度非常合适：敏锐的嗅觉、不屈不挠奋不顾身的进攻精神、群体奋斗。这三点肯定都是正面，肯定都是百度应该有的。这三点跟我们简单可依赖的文化没有冲突。我们需要有敏锐的嗅觉，需要有不屈不挠奋不顾身的进攻精神，需要群体奋斗。其实早期的百度就是这样，交给你的活儿你不仅能干到公司里最好，还能干成中国最好，干成世界最好。而那个时候困难要比现在多很多，交给你不掉链子你才可依赖，你没有干好怎么叫可依赖？”

狼性文化最早出现在姜戎的小说《狼图腾》中，草原狼作为蒙古民族的原始图腾，其凶悍、残忍、智慧和团队精神让它们在草原恶劣的生存环境中顽强生存至今，甚至13世纪的蒙古军队曾经将狼性文化作为战场上征服敌人的精神信仰。

那么，狼性文化究竟是什么样的？

在生活中，如果一个人被亲戚朋友形容为“狼性”，那么肯定与“狼心狗肺”“白眼狼”等贬义词分不开了。

但在职场中，“狼性文化”则是一种很高的赞誉，不仅是百度、华为等知名公司，很多创业公司在起家的时候，就会把“狼性文化”作为公司的代表。

狼性文化之所以受到国内如此之多的公司热捧，有着其背后深刻的原因。在面对激烈的市场竞争时，每个团队都像是自然界中团队作战的狼群一样，在追捕猎物之前需要提前进行踩点和埋伏，在追逐猎物时要配合狼群进行围追堵截，在成功抓捕猎物之后进行论功行赏。

企业就是要发展一批狼，狼有三大特性：第一是敏锐的嗅觉，第二是不屈不挠、奋不顾身的进攻精神，第三是群体奋斗。

——任正非

英国动物学家绍·艾利斯说过：“在所有哺乳动物中，最有情感者，莫过于狼；最具韧性者，莫过于狼；最有成就者，还是莫过于狼。”一支出色的狼群有以下特征，才能保证它们在恶劣的环境中，面对凶狠的天敌和稀少的猎物时也能保证整个团队的生存。

1.团队合作

狼是群居动物，一般七匹为一群，与一个小的项目团队规模相仿。在外出围猎时，每头狼都有自己的任务，速度快的狼要去猎物前方进行围追堵截，体质强壮的狼要对猎物进行围杀，而体质较弱的狼则要对漏网之鱼进行收网。在面对更加强大的天敌时，狼群会群起而攻之，而不会选择退缩。

在整个过程中，严密的组织结构和高效的团队协作是成功的关键因素。论单兵作战能力，草原狼完全不是狮子和老虎的对手，但任何猛兽碰到狼群都会下意识地退避三舍，在漫长的进化过程中，狼群所演化出来的协同作战能力是它们在草原上生存立足的根本。

2.工作耐性

狼群是大自然中失败率相对较高的群体，由于天然猎物的稀少，在猎物丰盛的季节，狼群一般要等待三四天才会饱餐一顿，换作猎物稀少的季节，可能要等待一周或者更长的时间。在这段时间里，狼群的十次狩猎中可能只有一次是成功的。

但同时，狼群也是大自然中效率最高的群体，出于生存的需要，在每次出现猎物时，狼群都会快速地组织对猎物的伏击，不管是在踩点探路还是在围追堵截的过程中，狼群总能体现出惊人的耐心，对自己负责的任务恪尽职守。因为在十次狩猎中，唯一成功的那一次就决定了整个狼群的生死存亡。

3.精神

一旦发现目标猎物，狼群绝不会轻易放弃。不管要花多久时间去跟踪猎物，狼群都会锲而不舍地盯紧目标猎物。

这是在面临恶劣条件和紧迫任务时一种生存的本能，在狼群中，一旦不努力拼搏，就会面临优胜劣汰的危机，不仅对外如此，对内亦是如此。在狼王年老体衰的时候，年轻的狼就会挑战老狼王的权威并取而代之，只有通过不断的搏和淘汰，才能让整个狼群始终处于团队精英状态。

在职场中，奉行狼性文化的不仅是百度等巨头公司，在互联网大潮的冲击下，任何一家公司或者团队都必须要保持对市场的敏锐嗅觉、对工作的拼搏精神，以及合作的团队精神。

联想集团董事长兼CEO杨元庆在公司公开信中称："一个个消失的巨人企业已经给了我们足够的警示，忽视市场的变化，不关注用户，急功近利，或是动作稍微慢一点，都可能给企业带来灭顶之灾，再大的企业也不例外。"

那么，如何打造一支狼性十足的团队呢？

1.以身作则，对自己要更狠一些

团队的管理者希望有一支狼性队伍，那么包括管理者在内的每个成员都需要有意识地培养自己的狼性，否则一支狼性团队中决不允许一只绵羊的存在。

小米最初创业的两三年，小米团队实行的是6×12工作制，虽然后来改为了5×12，但雷军仍然常年保持7×16的工作强度。对此，小米团队调侃雷军才是互联网界的劳模，他会在凌晨三点给投资的企业打电话，还需要担任小米手机的微博形象代言人，时不时还得试穿一下陈年的衬衫。

有这样的团队管理者，由不得团队成员不对自己严格要求。

2.坚韧不拔，不达目的誓不罢休

罗永浩在做锤子手机之前，很长一段时间内以维权斗士的形象出现在大众面前，他跟西门子冰箱锲而不舍的斗争让这家跨国公司不得不正视“冰箱门不易关闭”的质量问题。

罗永浩先是在微博上直播了与西门子冰箱长达两个月的售后维权过程，在西门子公司不予解决之后，罗永浩上演了“西门子冰箱门”事件，最终迫使西门子中国官方就冰箱质量问题发布公开道歉信。

> 对我来讲，刻意去找都很难找到这么一个机会给公众展示一个坚韧不拔的形象，这对我做的各项事业都有好处，所以我就不知道西门子为什么竟然可以愚蠢到这个程度，所以我会一直把它做下去，一天都不会停的。
>
> ——罗永浩

3.可以独当一面，也可以通力合作

团队为每个人提供了施展才华的舞台和获取成功的机会，作为团队中的一员，不仅要做好自己的分内工作，而且要知道自己始终是团队的一部分，只有

每个人都做好自己的工作，整个团队才能保持有序的运行状态。

单打独斗的个人英雄主义已经不适合现在的知识密集型产业，一个人再如何出色，都无法承担起整个团队的工作责任。

所以在团队工作中，所有的工作都要围绕一个共同的目标展开。在这个共同的目标下，每个成员又有自己负责的一部分工作，在自己负责的这部分工作上，每个成员要做到独当一面，但在整个团队目标面前，所有个人都要服从于团队的整体目标。

狼性不仅是对一个职场人的最高评价，也是对一个团队的最高评价，“孤狼必死，群狼可活”，在通往成功的道路上，我们不仅需要靠自身的不懈努力，还需要有一群狼性十足的队友作为自己的团队。

47.不懂汇报工作，别说你混职场

职场中，有时候你做了很多事情，但老板并不知道你正在做什么，当工作一旦出现与计划不符的时候，老板就会陷入抓狂的状态：为什么不早点向我汇报？

通过工作汇报，可以将阶段性工作的总结和其中出现的问题集中反馈给老板，让老板明白目前的工作流程，帮助你解决可能存在的问题，同时可以让你明白自己在工作上的优点和缺点。

这就出现了下一个问题：如何科学地向老板汇报工作？

一次汇报小则影响下个季度的工作内容，大则会影响团队下一步的工作方向，如果汇报内容或者方式出现了问题，则会让老板对团队当前的工作内容和流程做出错误的判断，从而令整个团队走上错误的道路。

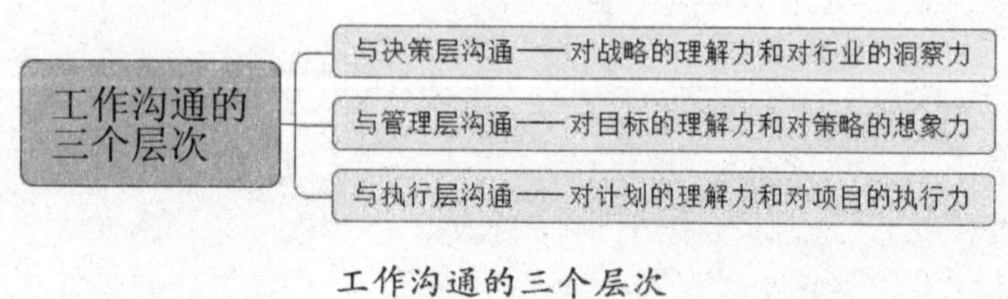

工作沟通的三个层次

我们经常可以看到：有的人在部门会议上做汇报被领导公开表扬，有的人话没说完就被无情打断；有的人每次汇报工作都可以有效推动工作，有的人汇报三四次都起不到什么效果；在有的人眼里，向领导汇报工作成为升职加薪的秘诀，而在另外一些人眼里，汇报工作却成了避之不及的难题。

其实在我们向领导汇报工作之时，已经完成了所要做的工作，之所以会有如此不同的结果，是因为很多人不知道什么样的汇报方式才是科学有效的，怎样汇报才是领导容易理解和接受的方式。

要做一个好的汇报者，一般要做到以下几点。

1.尽早汇报

从Windows Phone推出的第一天起，从外部用户到内部员工一直有对产品的大量吐槽，但奇怪的是，在一个有10万员工的公司里，这些产品上的问题解决起来却非常之慢。

以通知中心为例，这个功能是智能手机的标配，但在Windows Phone诞生后的4年里，关于“通知中心”的产品需求层层向上级领导汇报，最终只得到了“员工资源不足”的官方解释。

这不仅是一个团队内部官僚主义的表现，更反映了团队成员在遇到问题时，并没有第一时间向领导汇报，上层领导对于产品上出现的问题浑然不觉，白白错失了拓展市场的机会。

老板之所以希望把握工作的所有进度，并不是他对你的工作不放心，而是希望通过工作进度尽早发现项目中可能存在的问题，以便在问题扩大之前将其解决。

只有尽早将已有的信息汇报给老板，才能让老板知道问题发展的动态，并站在公司的高度给出解决措施。

如果在问题出现的第一时间没有汇报给老板，而且拖拖拉拉或者隐瞒不报，那么极有可能造成更大的隐患，或者等老板发现时已经造成无法挽回的损失。

2.先说结论

在职场中汇报工作讲究“30秒钟电梯理论”，这个理论最早起源于麦肯锡要求每一个业务员必须在30秒内向客户介绍完一个完整的方案。麦肯锡公司认为，一般情况下人们最多记得住一二三，记不住四五六，所以凡事要归纳在3条以内。

现在的公司大老板一般都很忙，普通员工要汇报工作就必须在最短时间内让他知道汇报的目的，要在如此之短的时间内完成汇报，就要直奔主题和结果，用简短的语言将结果表达清楚。

把汇报材料写得很长并不难，但要把汇报语言组织得很短却很难得，因此在向老板汇报工作时，一定要第一时间将工作结论抛出来。

3.主动汇报

很多职场新人难以体会主动汇报的重要性，很多人在进入职场两三年后，依然处于被动汇报的状态，只有接到老板的召唤才会去汇报工作。这种工作方式看起来没有什么错，但这种被动汇报的状态并不会给你的职场有任何加分。

不管做什么工作，都尽量在工作的各个阶段将所取得的成果和问题汇报给领导，否则等到老板主动问起这件事情，很可能是因为出了问题。

即使是工作还需要一段时间才能完成，也应该定期与老板进行沟通，有问题解决问题，没问题汇报进度，不要等到老板发现问题追责的时候，才被迫向老板坦诚问题和进度，那时候就已经悔之晚矣。

4.实事求是

汇报工作的目的是为了最大限度地提高工作效率，如果在汇报工作时掺杂过多的个人情感色彩，甚至夸大隐瞒事实，则会让老板做出错误的决策，进而导致一系列严重的后果。

因此，在汇报工作时，最基本的原则是要实事求是，切勿为了一时的荣誉而夸夸其谈或隐瞒不报，越早发现问题，就可以借助老板的力量越早解决问题。

华为公司内部汇报工作时，任正非要求员工将真实的工作成绩和缺点一起汇报，同时公司的管理人员有这些工作和缺点的数据，如果员工的汇报内容与事实不符，则会被责令重新总结工作并汇报。

5.目标明确

工作汇报中常出现的错误就是想到哪儿说到哪儿，整个汇报过程没有一个明确的目标，员工不知道通过汇报希望达到什么目的，老板听完汇报之后也茫然不知所措，不知道可以给员工提供哪些帮助。

在日常汇报中，可以采用KPT法则，KPT（Keputo）是一种盛行于日本的工作记录法，同样适用于工作汇报，其中：

Keep：当前正在做的事务或者项目的正常描述；

Problem：今日所遇到的问题；

Try：之后准备尝试的解决方案。

用工作中常见的一个场景打比方，在与外部公司进行联合活动，双方已经就合作意向达成一致，但在资源协调方面需要进一步商量，那么给老板的工作汇报就可以包括以下三个方面。

K：已经与A公司达成初步的合作意向，双方同意在下个月的活动中投入对应的人力物力资源。

P：A公司可以提供的物力有限，不足以满足活动需求。

T：完成确切的物力测算，从A公司争取更多的资源支持，或协调公司内部的资源进行交换或直接支撑。

通过简单的三句话，老板马上能明白现在的工作进展到了哪个地步，又需要他来决策什么问题。

6.突出重点

汇报工作与写项目材料不一样，准备项目材料时，要尽可能地把项目内容写详细，让老板和团队成员明白项目的方方面面，以争取更多的资源来完成项目。

但是在向老板汇报工作时，则要把厚厚的项目材料压缩成简短的几句重点，让老板可以免于翻阅所有项目材料，就可以知道全部的工作内容。

所以工作汇报时一定要抓住整个汇报的重点，从中挑选最重要的几件事情和老板感兴趣的事情进行汇报，更好地引起老板的注意，并达成自己的诉求。

在等待老板决策的过程中，不妨多问几句，确认工作的时间节点和可能存在的问题，在体现自己职业精神的同时，还可以为老板的决策提供更加全面的参考。

除了当面汇报，还可以采用电子邮件、电话汇报或者微信消息等方式，根据不同的汇报内容和目的，可以灵活选择不同的汇报方式，只要能通过工作汇报达成自己的目的，满足老板的需求，消除自己和老板之间的信息不同步，就是一次科学的工作汇报。

48.让集体会议变得更加有意义

集体会议也是令职场人士经常烦恼的一件事情，当所有参会人员在会议室里陷入漫无目的的插科打诨或者冗长拖沓的讨论争辩时，可以预料到，这次的会议又泡汤了。

大部分无效的会议都缺乏一个有力的会议引导，当会议的议题依次进行时，极易进入脑洞大开的发散式讨论或者没有结果的讨论磋商。

最后参会人发现，讨论了一上午，所有的问题还只是停留在讨论阶段，并没有一个完整的解决方案，即使有初步的解决方案，也没有对应到具体的成员和完成时间。所有的讨论结果在会议结束之后就变成了一张废纸。

这样的会议没有什么意义，对于整个团队的工作效率完全没有任何提升的价值，而且会浪费团队成员宝贵的工作时间，让所有参会人感到痛苦和无奈。

那么，如何以最短的时间实现会议目标，并且可以让大部分参会者感到满意呢？

日常工作中的会议的种类有很多，比如发布通知的会议、解决问题的会议，以及协调多方合作的会议等。

不管什么样的会议，都需要在会议召开之前明确会议的目标，即召开会议需要解决什么问题、发布什么通知、解决什么问题，以及协调多方在什么内容上展开合作。

要召开一次有意义的集体会议，可以记住以下三句话：会前三个关键、会中三个控制、会后三个总结。

1.会前三个关键

在开会之前，除去预定会议室和投影仪，准备会议材料和PPT之外，还需要把握好三个关键：关键的问题、关键的人物、关键的目标。

一次有效的会议一定是为了达成某个关键的目标而召开的，为了达到这个关键目标需要解决哪些关键问题、与这个目标相关的又有哪些关键人物，这些都需要在会议之前明确，以便完成接下来的会议邀请。

一封好的会议邀请可以让参会人更快地了解会议背景，并在会议开始之前进行相关材料的准备。

一般来说，提前一天发会议邀请给参会者，会让他们提前预留出参会的时间，而且不会因为提前太多时间而遗忘。

Outlook和Foxmail等邮件客户端都提供会议时间、主题、时间、地点等信息的会议邀请邮件，最好附上会议上要用的演讲材料，方便大家尽早了解会议的主题内容。

如果可以在正文中解释一下会议的前因后果，相信可以显著减少在会议中大家走神的概率，下面是我之前的一封会议邀请邮件：

各位同事大家好：

一期项目已经进入产品测试和bug（漏洞）修复过程，在项目正式上线之前也暴露了不少之前没有预料的问题。

现邀请各位明日早上9：00于1212会议室讨论以下议题：

（1）项目已经发现和可能存在的风险点；

（2）与之对应的解决方案；

（3）测试组及运营组同事的建议。

邮件中附上会议上会用到的演讲材料。这样的一封简短的邮件可以帮助与会者在最短的时间内理解会议上将要讨论的主要内容。

所以下一次发会议邀请的时候，千万不要把所有的信息都写在邮件标题里，相信任何一个看到这样邮件的人都会很头疼。

如果可以的话，在会议开始的前十分钟，可以核实一下关键人物是否已经到场，如果没有到场，则需要通过微信或者电话再行通知一次。

2.会中三个控制

一次有效的集体会议一定要控制好会议的时间、进程和可能出现的风险。

（1）会议时间

会议时间主要包括开始时间、持续时间和结束时间三个方面。

在预约好会议室和投影仪之后，最好在会议开始前十分钟布置会场，并检查投影仪是否可以正常使用，以免出现所有人到场之后才发现投影仪出了故障的情况发生。

在确定好会议目标之后，可以根据当天的工作时间进行会议时间的估算。对于简短的问题迅速得出结论，对于会议上无法达成一致的问题及时叫停，留到下次会议时再行讨论，以便把更多的时间留给关键问题。

作为会议的主持人，也要及时制止冗长、离题的讨论，以及没有结论的无效争论，让参会的每个人都可以针对会议主题发表自己的看法。

另外，任何人都不希望在下班后还继续开会讨论问题，所以每次团队会议的时间最好控制在半天之内，把更多的精力放在会后的解决问题上。

（2）会议进程

一次集体会议上可能会涉及很多问题，在每个问题开始讨论之后，务必要得到一个结论，不管是留待下次继续讨论，还是安排人员进行排期，都不要在会议上留下悬而未决的问题。

在会议时间的限制下，对于关键问题适当延长，对次要问题则适当削减，这都是一次有效会议的必要因素。

（3）会议风险

虽然已经做了以上两方面的工作，但一次会议中依旧存在着如下风险。

●关键人物无法参加会议或中途退出

●会议偏离关键目标

●某一个问题上花费时间太久

●与会议无关的话题割裂了会议

以上列举的这些风险只是一场会议中常出现的问题，对于这些风险，这里给出一些常用的应对方式。

●关键人物无法参加会议或中途退出

这是集体会议中最坏的一种情况了，因为缺少了关键人物的参会，很多问题会无人定夺。所以最好的办法是预防关键人物缺席，在会议开始之前通过电话与其确认时间，如果对方无法参会，你还有时间制定预备方案，可以让对方委托其他同事参会或更改会议时间。

●会议偏离关键目标

这是集体会议中经常会发生的事情，当大家讨论的话题开始漫无边际地发散，完全偏离会议的关键目标时，需要将大家重新拉回到会议的关键目标上。

●某一个问题上花费时间太久

当某个问题的讨论时间过长，而且参会各方无法在该问题上达成一致时，为了避免浪费其他参会人的时间，可以将该问题记录下来，并在会后单独找问题相关的人员进行解决。

●与会议无关的话题割裂了会议

即使在会前用邮件给参会人员发送了会议背景和材料，依然无法避免这种情况——很多人无法完全理解会议的基本问题。这部分人往往会降低一次集体会议的效率，因为他们可能会问一些显而易见或者无关紧要的问题，为了解释这些问题，参会者可能会花费大量的时间向他们解释每个问题的细节。

对于与会议无关的问题，可以记录对方的提问并在会后解决，这样可以最快地推进会议关键问题的讨论。

3.会后三个总结

在一次集体会议之后，最好预留十分钟左右的时间对刚才的会议做一个简单的总结。

这个总结不需要长篇累牍，主要包括以下三部分的总结就可以。

（1）回顾会议关键目标。

（2）对会议关键问题的解决方案，以及遗留的问题。

（3）下一步行动。

在会议结束之后，最好于当天之内把会议纪要发送给参会人员及需要知悉的领导层，可以作为之后执行解决方案的跟踪依据。

49.个人情绪是团队的慢性毒药

咪蒙曾在职场鸡汤文章《职场不相信眼泪，要哭回家哭》中讲过一个小故事：

某个名人的工作室，一个实习生被老板骂了，愤而教老板做人。

当时的情况是，老板批评她的设计太土了，色彩不够强烈，没有辨识度，让她重新改。

她发飙了。

她说："你为什么说话要这么难听这么直？这样很影响我的情绪!你明明可以说，你哪里哪里做得很棒，只需要修改一点点就完美了，这样我就会愉快地去修改了……"

老板也怒了，说："我给你工资，不是让你来教我说话的艺术的。爱做做，不爱滚!"

实习生说，滚就滚。

于是她就走人了。

在职场中做错事情被老板骂几句就愤而辞职，这不是个性张扬，只是心理脆弱。

哪有一份不委屈的工作，有的只是内心强大的员工，如果你的脾气比你的能力还大，那你的本职工作只能是发脾气。

职场不是家庭，老板没有义务像爸妈一样容忍你的个人情绪，当你的能力无法匹配你的个性时，谁都不会在意你昨晚是不是跟男朋友吵架了，今早是不是交通拥堵导致迟到了。

在一个团队里也是一样，个人情绪永远是个人的问题，而不应该让其他成员替你分担，先处理好自己的个人情绪，才有资格帮助团队分忧解难。

如果在日常工作中，碰到一丁点压力就觉得山崩地裂无法呼吸，碰到稍微难一点的问题就觉得整个职场生涯都完蛋了，拥有这样负面的个人情绪的人，只能成为团队成员眼中的“祥林嫂”。没人会在乎你有什么个人情绪，只会关心你有用没用。

在每个团队里，都会因为工作或者人际关系而产生各种负面情绪，例如，跟团队成员的工作方式不融洽，跟老板的沟通方式出了问题，但这些个人情绪都不是影响工作的原因。

比如在处理人际关系时，没有任何两个人刚接触的时候就能融洽得没有一丝抵触情绪。其实，这时你只是没有发现对方的优点。人以群分，物以类聚。当你可以在对方身上发现优点的时候，你的内心就已经认同了对方的价值，哪怕只有一个优点，这个优点也会成为你们开展团队工作的基础。

所以当团队中有类似的个人情绪时，不妨先将这种个人情绪搁置一下，在与对方合作的过程中，从更多方面发现对方的优点，更加坦诚地与对方合作，缓解团队成员之间的紧张关系，提高沟通效率和工作效率。

如果对团队的负面情绪不加以管理，极有可能会像燎原之火一样迅速在整个团队中蔓延，一个人的负面情绪就足以毁掉整个团队成员所积累的工作成果。

大部分情况下，团队中大规模的负面情绪一般来自信息不对称，当团队因为信息不透明出现信任真空时，就容易被个人的负面情绪或虚假信息所主导。最直接的办法是保证团队中信息通道的顺畅，当团队对于工作目标、工作进度和解决问题的方式达成一致时，个人的负面情绪就很难在团队中扩散。

而对于个人而言，如何有效地管理和控制自己的情绪呢？

1.自我调节法

在实际工作中很难避免个人情绪的出现，我们无须刻意压抑负面情绪的出现，而是应该分析个人情绪出现的原因，弄清楚工作中的哪些因素导致了自己的愤怒或者焦虑，然后通过合适的办法去解决它，通过不断地解决导致自己出现负面情绪的因素，最终彻底摆脱个人情绪的掌控。

尤其要注意的是，即使你已经无法抑制自己的怒火，也不要向同事宣泄，这样不仅不会得到任何帮助，还会导致同事对你的厌烦。

如果希望他人帮助自己解决个人情绪的问题，那么就去找那个可以帮你解决问题的人，比如与你的直属上司说出自己的困惑并梳理个人情绪的出口。

2.心理暗示法

法国心理学家埃米尔·库埃曾提出消极自我暗示与积极自我暗示的概念，两者都可以在潜移默化之中对个人的意志、心理以至生理状态产生影响。积极的自我暗示令我们保持好的心情、乐观的情绪和自信心，从而调动人的内在因素，发挥主观能动性。

在与团队成员出现争执时，可以通过自我暗示的方式告诉自己“这件事情我可以心平气和地处理”“我要保持良好的修养”。事实证明，当你反复地通过自我暗示让自己的潜意识接受这些积极信号时，你的情绪会出现明显的好转。

3.运动释放法

很多人在遇到挫折的时候，习惯出去跑几圈或者打球来释放自己的压力，这种借助其他活动排遣情绪的方法也是一种不错的方法，当你站在操场上做热身运动的时候，你的大脑就开始释放包括内啡肽等多种神经传递素，这些激素在改善情绪方面都有着重要作用。

如果每天的工作之后都可以腾出一小时的时间做运动，对于个人的生理和心理健康都有一定的帮助。

4.记忆复现法

人类行为学指出，人们也可以通过调动掌控笑容的肌肉，重现自己对某些时刻的记忆点，通过脑部指令让脸上的表情更加真诚自然，帮助自己从负面的情绪之中摆脱出来。

更多时候，我们深陷在个人情绪中无法自拔的时候，需要意识到微笑在职场中只不过是一个最普通的表情，而真正职场上的微笑，就是礼貌而且一点都不尴尬的微笑。

发脾气是一个人的本能，而控制脾气则是一个人的本事。

在团队工作中尤其要掌控好自己的情绪，让它在适当的时候发挥作用，否则你做成一件事情开心的时候会遭人嫉妒，你项目失败难过的时候则会被别人嘲笑。在成年人的职场中，很少有人会关心你情绪背后的原因，而只会关心你对团队有什么用。

如果你的情绪是如此廉价，那么大家不会觉得你委屈可怜，而是会觉得你是团队中的慢性毒药，不能起到什么作用，反而会导致军心涣散。

50.你必须让自己不可替代

Chonos是法国一家五星级酒店的一名普通厨师，他不会做什么名菜，所以也一直没能成为酒店的主厨。他最擅长做的是一道叫Macaroon的甜点，在他的手中，这道甜点绽放出了不一样的光芒，也成为很多客人来酒店的必点菜品之一。

Chonos所在的酒店每年都要根据业绩表现裁掉一定比例的员工，当经济低迷的时候，这个比例会更高。但让人费解的是，Chonos作为一名普通的厨师，从来没有一次面临被裁的风险。

这背后的原因其实很简单，那道Macaroon是酒店很多重要客人的心头好，为了满足这些贵客的需求，酒店也不可能将Chonos裁掉。

在前文中，我们曾经以《西游记》中的取经团队打过比方，在取经三人组中，如果迫不得已必须裁员，你会选择裁掉哪个？

孙悟空，虽然是四个人中性格最顽劣的一个，也经常不服管教，但是在日常工作中业绩最突出，是团队攻坚克难的不二人选，把他裁了，整个团队基本就算完蛋了。

猪八戒，作为一名名副其实的“老油条”，好吃懒做还有点好色，但关键时刻的一些协调工作，还得他出马去做，如果没有他，得把唐僧累死。所以，为了整个团队的和谐，也没法裁掉他。

那最后的沙和尚呢？属于默默无闻吃苦耐劳的那种，但团队中缺了他似乎也没什么，那些活儿让猪八戒或者白龙马分担一下，似乎也能凑合着上路。

所以，在团队必须裁员的时候，裁掉沙和尚似乎是唯一的选择了。等到团队情况好转的时候，再让他回来，也不会像孙悟空或者猪八戒那样劝不回来。

在职场中，如果你所在的团队某一天必须裁掉一部分人，你会是其中一员吗？

你当然承担了一部分的团队工作，但是这些工作是不可替代的吗？老板裁掉你之后能否正常继续工作？

如果以上答案是否定的，那么你在职场中的地位其实没你想得那么重要，你在老板眼里是随时可以替代的员工之一。

要在职场中生存下来，最简单有效的办法就是不要与那些明显无法超越的人去竞争，你的勇气除了能感动自己之外，对自己的职场生涯没有任何作用。

让自己不可替代的办法就是找到自己有相对优势的领域，并在这个领域里深耕细作，让自己成为别人无法企及的那一个。

努力当然是有用的，但努力不是万能的，过分相信努力在成功中的作用就是愚昧，让你努力地去跟博尔特比赛跑，你觉得有可能成功吗？

一个有头脑的人不会在别人的主场中寻找自己存在的价值，博尔特或许是赛跑界的王者，但你也可以找到属于自己的一个领域，在这个领域里，你可以超越包括博尔特在内的所有人。

一个人在职场中的价值与你努力加班的工作时长无关，只与你个人的不可替代性有关。

1.认清自己的优势，在自己的优势领域做到极致

现在提到辣椒酱，大家第一时刻都能想“老干妈”三个字，在辣椒酱的市场中，曾经出现过数不清的模仿者，但老干妈创始人陶华碧对产品的执着精神，让老干妈成为辣椒酱市场中独一无二的王者。

在过去20年里，老干妈始终以“专注、极致、口碑”的理念打造产品，无论在哪里购买、何时购买，老干妈产品质量始终如一，不管别人如何模仿，始终无法企及老干妈在辣椒酱界的口碑。

那在职场中呢，你是否能有老干妈的觉悟，把辣椒酱做到极致？

很可惜，很多人并做不到，他们按时上下班，按时完成任务，按时领工资，无功也无过，在老板和同事心中没有什么特殊的存在感，也就不存在什么不可替代性。

其实根据职位的不同，对每个人都有不同的衡量标准，根据自己的衡量标准进行针对性的提升，你也可以成为不可替代的那一个。

（1）在团队中实现术业有专攻

如果你是销售岗，就多见客户多锻炼口才，帮公司卖出更多的产品；如果你是技术岗，就多钻研技术，更快更好地解决问题。不管在哪个岗位上，只要能做到独一无二，在哪个公司都是受欢迎的那个人。

（2）不做职场的寒号鸟，遇事不得过且过

很多人被公司的新人拍死在沙滩上的时候，才发现自己已经按部就班地做一件事情做了很久，对于同样的问题，没有想过更多的解决办法，也没有想过更高的工作效率，只是在机械性地重复工作，一旦有新人对自己的岗位形成威胁，甚至找不到自己的核心竞争力在哪里。

想要成为不可替代的老干妈，就不要用做山寨辣椒酱的心态去工作。

2.Stay Hungry, Stay Foolish

2005年，史蒂夫·乔布斯在斯坦福大学的毕业典礼上演讲，最后送给了在场的年轻人一句“Stay Hungry，Stay Foolish”。*Cheers*杂志把这句话翻译为“饥渴求知，虚怀若愚”。

毋庸置疑，乔布斯一生的成就是光彩照人的，他在任何一个行业的成就单独拿出来看都足以羡煞世人。他像一头饥饿的猛兽，永远不会满足，Mac、iPod、iPhone、iPad……一招接一招，不停直捣对手的心脏，如果不是因为健康状况，他大概永远没有停歇的一天。

任何一个行业的发展都符合正态分布曲线图，从0到1，到鼎盛再逐渐没落。而我们在选择了一个好的行业之后，只要保持持续学习的心态，大部分就可以在这个行业里好好地生存下去。

打一个简单的比方，从微博到微信公众号和自媒体，前后不过五六年的时间，而在这五六年里，如果没有跟上互联网运营的节奏，那么极有可能被后来者所取代，任何一个老板都希望自己花钱雇来的人可以一个人顶三个人使，而不是别人在玩自媒体的时候还只会玩微博。

（1）Stay Hungry。提高业务能力的手段有很多，在工作之外的时间里，可以通过阅读或在线学习等方式提高对所在行业的知识储备。当你有能力独当一面的时候，即使进来新人，也只会为你锦上添花。

（2）Stay Foolish。除了自我学习之外，工作中积累的经验也非常重要。在遇到实际问题时，多向公司中的前辈和老板请教，听君一席话，胜读十年书，他们可能会给你一些意想不到的惊喜。

3.当不了职场中的孙悟空，至少可以当猪八戒

在职场中解决问题，大部分场合是要解决人的问题，我们经常诟病的“高智商，低情商”就是典型的反面例子，工作办事没问题，一到需要跟人打交道的时候，就各种不给力。到最后，活儿都是自己干了，风头都让给别人了。

所以，如果当不了孙悟空，至少要当一个合格的猪八戒。这样，你同样可以成为职场中不可替代的人才，在关键的时刻帮助老板和团队解决棘手的问题。

（1）不轻易树敌，也不搞小团体

高情商的人在职场中收获的不仅是同事，还有互相帮助的朋友。在统一的公司利益前，大家可以携手共进，但在需要保持距离的时候，也不会被老板误认为是在搞帮派主义。

（2）为他人着想，他人才会为你着想

同理心是情商中非常重要的一部分，在职场中多为他人着想一点，在关键时刻，他人才能想得到你，指望他人单方面地为你考虑是不切实际的。

4.找到属于自己的核心团队

在生活中讲究“人生得三两知己足矣”，在职场中一样要找到属于自己的核心团队。

什么是核心团队，核心团队是在你没拿到天使投资时在筒子楼里摸黑写代码的人；核心团队是在五六个人的团队中身兼产品运营和行政人力的人；核心团队是竞争对手花数倍价钱也没法挖墙脚的人；核心团队是你在职场上最珍贵的宝藏。

混职场的人都有一张庞大的关系网，你在公司上班时，这张关系网就是你所在的团队，大家彼此创造利于团队发展的空间，并发挥各自优势取得更多的认可和成绩。

在学校里，大家都曾经给其他人讲题，在帮助同学的同时，也进一步地巩固了自己的知识。在职场中也是一样，每个岗位都有各自的门槛，任何人都不可能什么都会，那么在解决问题的过程中，就需要大家互相协作，共同完成老板布置的任务，同时为自己创造更好的发展空间。

2017年，42岁的资深程序员欧某的跳楼事件再次引爆了人们对于中年职场危机的讨论。如果一份工作，换一个更年轻的人来做，不但要的报酬比你少，完成的效率还比你高，那么，迟早有一天你会被取代。

在职场中，当你依赖工作带来的收入和地位，但还没有成为必不可少的那一个时，你时时刻刻都面临着欧某一样的困境：到底是你需要这份工作，还是这份工作需要你?

当你自己成为一个不可替代的人时，你已经不需要这份工作，而是这份工作需要你。